Abenteuer auf der Saône

In Gedenken an Christian Avis,

**der die Brücke der Kreon so früh
verlassen musste . . . .**

Michael Reymann

Abenteuer auf der Saône

Mit dem Hausboot nach Lyon

Coverbild: Die *INGRINE* beim Anlegen in Tournus

Bibliografische Information der Deutschen Nationalbibliothek:

Die Deutsche Nationalbibliothek verzeichnet diese Publikation in der Deutschen Nationalbibliografie; detaillierte bibliografische Daten sind im Internet über http://dnb.dnb.de abrufbar.

© 2016   Michael Reymann

Lektorat: Ines Heuser, Bonn
Cover: Michael Reymann
Alle Bilder: © Michael Reymann

Herstellung und Verlag: BoD – Books on Demand, Norderstedt

ISBN: 978-3-7431-1738-9

Inhaltsverzeichnis

Prolog	7
Pfingsten, faules Hafenleben und kein Plan	9
Flussfieber	23
Auf unbekannten Gewässern	46
Willkommen in Lyon	65
Port Confluence und Stadtrundgang	78
Abschied von der *OLIMAR*	90
Zwangsstopp durch die Gendarmerie Nationale	111
Nordkurs	122
Unerwartete Begegnung	139
Besuch an Bord	161
Notarzteinsatz an Bord	181
Man begegnet sich immer wieder	197
Fete National und andere Missgeschicke	210
Von Stühlen und dem Oliphone	221

Prolog

Am Donnerstag hatte ich im Internet mit der Web-Cam vom Hafen von Düsseldorf aus sehen können, dass unsere Bootsfreunde Ralph und Anita mit ihrer *OLIMAR* bei uns im Hafen eingetroffen waren. Ungewiss war nur, ob wir die Beiden am heutigen Samstag noch dort antreffen würden, oder ob sie bereits weitergefahren waren. Umso erfreuter waren wir heute Morgen, als wir das Boot noch bei uns am Ponton entdecken konnten.
Kurz nachdem wir unser Gepäck und die Einkäufe an Bord verstaut hatten erschien Ralph bei uns am Boot um uns zu begrüßen, Anita folgte ihm kurz darauf.

Die Beiden hatten extra auf unsere Ankunft hier gewartet und wollten erst am nächsten Tag weiterfahren, um ihre Urlaubstour fortzusetzen.

Wir hatten uns seit Juli letzten Jahres nicht mehr gesehen und natürlich auch sehr viel zu erzählen, aber es gab nach unserer Ankunft an Bord der *INGRINE* noch so einiges für mich zu erledigen, dass ich mir die Plauderei eigentlich nicht leisten konnte, der Gefrierschrank musste noch gestartet werden, bevor uns unsere Einkäufe entgegengelaufen kamen.

Wir verabredeten uns für den Nachmittag auf der *OLIMAR* und trafen uns dort um vierzehn Uhr, um unsere Neuigkeiten und Erlebnisse auszutauschen.

Die Stunden vergingen wie im Fluge und ruckzuck war es Abend geworden und wir kehrten spät auf die *INGRINE* zurück.

Nun sitzen wir oben an Deck unseres Bootes und lassen den Tag gemütlich ausklingen, der neben unserer heutigen Anreise nach Auxonne und mit dem Wiedersehen von Ralph und Anita einen so schönen Verlauf genommen hatte.

Die Sonne schob sich dem Horizont näher und näher und verwandelte die wenigen Wolken am Himmel in ein prächtiges Farbenspiel, rot, gelb, bernsteinfarben, einfach alle Nuancen, ein herrlich anzusehendes allabendlich wiederkehrendes Schauspiel.

Bei dem Anblick kam man ins Grübeln und die Gedanken fingen an zu Kreisen, leicht angetrieben und unterstützt von den Nachwirkungen des letzten Glases Rosé, das noch vor mir auf dem kleinen Tischchen stand.

Die Erinnerungen an unsere zufällige gemeinsame Reise mit der *OLIMAR* nach Lyon im letzten Jahr war noch lange Gesprächsstoff an Deck und wir konnten uns noch an so viele Details und Einzelheiten erinnern, war es doch gerade erst einmal ein Jahr her.

Doch wie fing alles an?

Pfingsten, faules Hafenleben und kein Plan

Entgegen unseren normalen Gepflogenheiten sind wir für unseren zweiwöchigen Urlaub diesmal am Samstagmorgen zum Boot angereist.
Um drei Uhr war für uns die Nacht in Düsseldorf zu Ende und ab ging die Fahrt nach Frankreich nach Auxonne. Das Auto war am Vortag gepackt worden und nur wenige Sachen mussten vor der Abfahrt noch im Wagen verstaut werden, wie die Kühltasche mit ein paar wenigen Lebensmittel, die wir von Deutschland mit auf das Boot nehmen wollten.
Der Autobahnring um Köln war auf unserer Strecke fast fertig und zu dieser frühen Stunde war nur sehr wenig Verkehr unterwegs. Zügig passierten wir den neuralgischen Knotenpunkt und weiter ging die Fahrt hoch in die Eifel. In Luxemburg wurde aufgetankt und Kaffee für die nächsten beiden Wochen eingekauft, dann konnte die Fahrt weitergehen.
Früh setzte die Dämmerung ein und wir konnten so die Landschaft in vollen Zügen genießen. In Frankreich waren wir fast alleine auf der Autobahn unterwegs, nur wenige Lastwagen waren mit uns auf der Strecke. An unserem Stammrastplatz Sandaucourt wurde für eine Tasse Kaffee angehalten, die Füße vertreten und die Toilette aufgesucht. So gestärkt und entspannt konnte die Weiterfahrt fortgesetzt werden und eine halbe Stunde später erreichten wir die Region um Langres.
Das führte zu dem Entschluss, bereits hier die Autobahn zu verlassen und den Rest der Strecke nach Auxonne über Champlitte und Gray auf der Landstraße zu fahren, dort wollten wir dann unsere Einkäufe für die ersten Tage erledigen.
Also Blinker raus und runter von der Autobahn. Nach der Mautstation folgte noch ein kurzes Stück Route National, dann erreichten

wir die Festungsstadt Langres, die hoch über dem Tal der Marne gelegen die Region beherrscht.

Die Fahrt entlang dieser Stadtmauer erinnerte mich an die Festungsmauern von Avignon im Süden, die ähnlich wirkten. Auch dort führte die Straße außen am Wall vorbei, die Zufahrt in die Altstadt war größtenteils auch nicht möglich, da die Gassen einfach zu eng sind. Selbst die Anwohner müssen ihre Autos draußen vor den Stadttoren auf einem Parkplatzstreifen abstellen, da es keine andere Möglichkeit gibt.

Hinter der Stadt kamen wir nach einigen Kilometern Landstraße an unsere alte Strecke heran, die uns von der Autobahn in Richtung nach Gray führte. Nur fuhren wir diesmal die Landstraße nach Gray weiter, anstatt hinter Champlitte links in die Straße durch den Wald und in Richtung Dampierre-sur-Salon abzubiegen, um nach Savoyeux zu gelangen.

Die Ankunft in Gray ist immer etwas Sehenswertes. Von der neuen Umgehungsstraße gelangt man nach einem Kreisverkehr auf die Avenue de Jean Jaurès, der Hauptstraße, die fast zwei Kilometer lang schnurrgeradeaus den leichten Hügel herunter an die Saône führt.

Erst unten in Flussnähe hinter der großen Traktorenfabrik erschienen rechts und links die ersten Geschäfte, der Hauptteil der Läden war auf der anderen Saôneseite in der Altstadt angesiedelt. Es folgte ein weiterer kleiner Kreisverkehr und nun fuhren wir auf die Brücke über die Saône. Das Wasser spülte ordentlich über dem Damm des Wehres, das man mit der Brücke überquerte. Nun trennten uns nur noch wenige hundert Meter und wir waren am Intermarché angekommen.

Hier wurde der Wagen abgestellt und gegen einen Einkaufswagen eingetauscht. Zu der frühen Stunde war der Parkplatz wie auch der Laden im Innern noch recht leer. Das war gut für uns, bedeutete es doch keine Warteschlange an der Kasse nach dem Beladen des Chariot zu haben.

Die Schlacht konnte losgehen.

Es galt, sich mit allen benötigten Proviant und Getränken für die nächsten Tage einzudecken.
Gut das wir in der Zwischenzeit unsere Vorlieben für bestimmte Speisen oder Zutaten entwickelt hatten, das machte die ganze Sache einfacher und beschleunigte den Aufenthalt im Einkaufstempel extrem.
Dennoch landete das Eine oder Andere in unserer Karre, das wissentlich nicht auf unserer Einkaufsliste stand.

Naja, es war ja Urlaub, und den hat man bekanntlich nur einmal im Jahr.

Das stimmt nicht ganz, da wir in der Regel im Frühjahr wie auch im Herbst zweimal für zwei Wochen für einen Urlaub auf dem Boot sind.
Aber was soll´s, hinein in den Wagen und ab durch die Kasse, Plastikgeld sei Dank.

Wir verließen den Laden, als sich die Gänge wie auch der Parkplatz immer mehr füllten.

Wie war das noch mit dem frühen Vogel?

Der Kofferraum wurde freigelegt und mit den unzähligen Wasserflaschen und Weinkartons beladen. Die Kühl- und Gefriertaschen wurden gefüllt und nahmen den letzten noch freien Platz im Auto ein. Noch das Baguette verstauen und das war es dann gewesen.
Mein Leichtmatrose entsorgte den Einkaufswagen in der Abstellbox und ich machte den Wagen abfahrbereit.
Von nun an trennten uns nur noch ein paar Kilometer Landstraße von Auxonne, die wir aber zügig hinter uns ließen.

Die Uhr zeigte halb zehn, als wir vom Kreisverkehr kommend den Abzweig zum Hafen nahmen.

Neben den gerade erst besorgten Einkäufen hatten wir auch einiges an Gepäck im Auto, daher fuhren wir direkt über den Damm bis an den vorderen Ponton, an dem unsere *INGRINE* vertäut lag.
Mit den ersten Gepäckstücken ging es zum Boot, das uns schon erwartete.
Die Türe wurde aufgeschlossen, Jalousien und Fenster geöffnet, Kühl- und Gefrierschrank aktiviert und alles war bereit für die große Schlepperei, um den Rest an Gepäck aus dem Auto an Bord zu befördern.

Dafür gab es hier leider keinen Service.

Mit dem kleinen Bollerwagen, den wir als Dauerlieger benutzen konnten und von dem wir den Code für das Zahlenschloss hatten, ging der Transport von unserem Gepäck recht gut voran. Zum Schluss kam noch einmal etwas Arbeit auf, der neue Dieselgenerator wollte auch noch mit an Bord.
Wenig später wurden wir von Roy und Carole begrüßt, die gerade dabei waren, als Hafenmeister die Nachzügler vom Vortag um ihr Liegegeld zu erleichtern.
Helga hatte nun an Bord die Aufgabe, die Gepäckteile in den Kabinen zu verstauen und den Einkauf aus den Tüten in die Geräte umzuladen, während ich das Auto vom Damm zurück hoch auf den Parkplatz fuhr, wo es hingehörte.
Für den Rückweg zu Fuß zum Boot zurück ließ ich mir ausreichend Zeit, damit Helga in Ruhe das Gepäck einräumen konnte.
An Bord wurden die Straßenschuhe für die nächsten Tage in den Schrank verbannt, an Bord bewegten wir uns größtenteils barfuß oder in Bootsschuhen, die aber nicht an Land benutzt wurden.

Eine sehr wichtige Aufgabe folgte noch für mich, es galt die Liegestühle und die Tische nach oben auf das Nildeck zu befördern. Jetzt noch raus aus der zivilen Kleidung von der Anreise und rein in T-Shirt und Freizeithose und nun war es da, das Urlaubsgefühl.

Unten war in der Zwischenzeit alles soweit verstaut worden, dass ich meine restlichen Sachen unterbringen konnte. Die Solaranlage arbeitete ausgezeichnet und die Batterien waren gut voll. Kein Wunder, da hier in der Region bereits seit zwei Wochen sommerliche Temperaturen herrschten.
Es folgte noch eine kurze Kontrolle vom Tiefenmesser, der mit einem Meter achtzig aber einen normalen Wasserstand anzeigte.
Der Rosé war im Kühlschrank, eigentlich konnte jetzt nicht mehr viel schiefgehen.
Das Bimini wurde aufgeklappt und dann gab es die erste Siesta für uns oben auf dem Deck.
Die Füße wurden hochgelegt und tief Luft geholt. Ab nun ist er da, auf den wir so lange gewartet hatten, unser wohlverdienter Urlaub.

Nur wenige Mietboote hatten über Nacht den Hafen aufgesucht, der größte Teil davon war auch bereits wieder auf Fahrt, am nun fast leeren Steg konnten wir zum ersten Mal die Ruhe genießen, die nur von dem Geräusch einer Schleifmaschine übertönt wurde, die gegenüber auf einem Boot benutzt wurde.
Roy war dabei, Roststellen an den Seiten der Reling seiner *HAZELWOOD* abzuschleifen, was uns aber nicht weiter störte, wir sind ja sehr tolerant.

Meistens jedenfalls.

Und außerdem, es tut immer gut, anderen bei der Arbeit zuzusehen.

Nach elf Uhr kam draußen auf der Saône die *CORNELIA HELENA* vorbei, das Boot von Rüdi, dem Bruder unserer Bootsbekannten Trix von der *LA TOULINE*, die zeitgleich bei uns in Deutschland gerade Düsseldorf auf ihrem Weg nach den Niederlanden passierten.

Wir hätten uns gerne mit Hans und Trix in Düsseldorf getroffen, aber leider hatte das diesmal nicht geklappt.
Aber die Beiden haben ja auch noch eine Rückfahrt vor sich, vielleicht kommt es ja dann zu einem Treffen.

Zu Mittag gab es eine Kleinigkeit aus unserem Einkaufsfundus zu Essen, und wir konnten anschießend die Ruhe im Hafen so richtig genießen. Der Gastliegersteg war nun komplett leer, kein Mietboot oder Gastlieger war mehr im Hafen, die erste Bootsreisewelle wird wohl erst ab dem jetzt beginnenden Pfingstwochenende starten, mal sehen, wie voll es heute Abend im Hafen wohl wird.

Helga machte sich am späten Nachmittag dann noch einmal auf um in die Stadt zu gehen. Sie wollte noch etwas bummeln und noch ein paar Kleinigkeiten für die nächsten Tage besorgen, es findet sich immer etwas, was man vergessen hat oder was noch fehlt.

Derweil hatte ich an Bord noch andere Dinge, die auf meiner To-Do- Liste standen und die es zu erledigen gab. Das Deck vom Boot wurde geschrubbt, der Frühjahrsputz war dringend nötig. Anschließend wurde noch Wasser aufgefüllt, damit der Wassertank auch schön gefüllt ist.
Nach Helgas Rückkehr verbrachten wir den Rest des Tages mit dem Dauertest der Liegestühle, die diesen hervorragend bestanden hatten.
Die anstrengende Zeit des Testes wurde auch dazu genutzt, sich den Kopf zu zerbrechen, was wir in den kommenden zwei Wochen den nun erleben wollten. Die unterschiedlichsten Beratungen in den letzten Wochen zu Hause in Düsseldorf über mögliche Reiseziele unserer diesjährigen Urlaubstour hatte uns da der Entscheidung noch kein Stückchen nähergebracht.

Jetzt hatten wir Urlaub und wussten nicht wohin wir schippern wollten!

Hoch nach Corre und weiter hinein in den Vogesenkanal? Ist mit Sicherheit eine schöne Strecke, aber leider näherten wir uns damit dem Einflussbereich der Ardennen und Vogesen und damit den Regengebieten. Und die Wahrscheinlichkeit von Regen ist im Frühjahr mit Sicherheit höher als im Sommer selber.
Eine Alternative wäre es den Doubs hoch nach Besançon und weiter bis nach Baume les Dames zu fahren. Von dort kamen in den letzten Tagen aber Hochwassermeldungen, dort wollten wir dann nicht festhängen, wenn der Regen oben in den Bergen des Jura weiter anhält und die Sicherheitstore geschlossen werden.
In den Canal entre Champagne et Bourgogne ? Aber das reizte Helga nicht so sehr, dort war es ihr etwas zu ländlich und sie wollte lieber etwas in den von uns besuchten Städten spazieren gehen können.
Wie wir es auch drehten und wendeten, wir kamen zu keinem Resultat.
„Also bleiben wir erst einmal hier im Hafen und bauen den Stromgenerator ein, den wir aus Deutschland mitgebracht hatten", so unser Entschluss.

Aber nicht heute, morgen ist auch noch ein Tag.

Am folgenden Sonntagmorgen war ich kurz nach fünf Uhr dreißig aufgewacht. Zuerst wurde die Heizung im Salon auf kleinste Stufe gestartet, danach die Kaffeemaschine angeworfen. Draußen und im Boot war noch alles still und ruhig, die perfekte Umgebung, um mich mit meiner Schreiberei zu beschäftigen.

Für das Bordbuch gab es noch keine nennenswerten Einträge zu machen, also wurde der Laptop herausgeholt und mein Manuskript für mein erstes Buch geladen. Die Notizen dazu entnahm ich aus dem Bordbuch und den Internetseiten, die ich regelmäßig über unsere Aktivitäten an Bord der *INGRINE* auf dem neuesten Stand hielt. Die Schreiberei ging flott voran, ich konnte gut meine Gedan-

ken zu Papier bringen, sprich in die Tastatur des Laptops reinhämmern.
Vorne in der Kabine war noch alles ruhig. Helga hatte in der Zwischenzeit die Bettwäsche bewacht und gut darauf aufgepasst. Sie machte in dem Moment auch noch keine Anstalten, mir in den Salon und in den Tag zu folgen.
Um Viertel nach Sieben hatte ich mich dann nach oben auf das Deck verzogen um die Wärme der aufgehenden Sonne zu genießen.

Das versprach heute ein warmer Tag zu werden.

Hatte irgendjemand Einwände dagegen?

Wie gestern geahnt hatte es dann am späten Nachmittag doch noch einige Boote in den Hafen gespült. Aber auch dort an Bord war noch alles still, alles schlummerte noch.
Somit gehört die Sonne und die Ruhe eben mir alleine.
Angelockt vom Kaffeeduft trabte meine Besatzung langsam an und leistete mir von nun an Gesellschaft beim Rumsitzen und Nichtstun auf dem Oberdeck.
Roy und Carole wurden mit einem Winken begrüßt, als sie mit Bob von ihrem Schiff kamen und nach vorne in die Capitainerie gingen. Nach zehn Uhr kam dann allmählich Leben in den Hafen, die ersten Boote machten sich kurz darauf auch wieder auf ihren Weg der Weiterfahrt während wir oben an Deck weiter den Tag und die Sonne betrachteten und die Wolken zählten.

Urlaub kann so grausam schön sein.

Da man aber seine guten Vorsätze hat war es dann aber doch an der Zeit, irgendetwas nützliches zu tun. Deckstreichen kam bei dem Wetter nicht in Frage und da ich in den nächsten Tagen so oder so im Motorraum arbeiten wollte machte ich mich erst einmal daran, die Motorbilge zu reinigen.

Beim Regnen kam durch Tropfwasser entlang der Motorraumabdeckungen immer wieder Wasser in den Motorraum und sammelte sich dort unten in der Bilge, die keine Verbindung zur Bilge im Schiff selber hatte.

Das war auch gut so, denn durch ausschwitzendes Motoröl kommt es immer zu Verunreinigungen der Motorraumbilge, sodass dieses leicht kontaminierte Wasser gesondert entsorgt werden muss und nicht wie die normale Bilge einfach über Bord gepumpt werden kann.

Extra für diesen Zweck hatte ich mehrere alte Kanister an Bord, in die ich das Bilgewasser auffangen konnte, das ich mit einer kleinen Förderpumpe aus den Tiefen des Motorraumes nach oben beförderte.

Aber diesmal war die Ausbeute gar nicht so groß, etwas über fünfzehn Liter Wasser konnte ich in den Kanistern aufsammeln. Der Rest wurde durch spezielle Kissen aufgesogen, die ich dazu im Motorraum verteilte.

Nun war alles schön sauber und halbwegs trocken, allerdings durch den leichten Ölfilm aber auch sehr rutschig. Daher musste ich wie immer sehr darauf achten, wohin ich meine Füße stellte, um nicht auszurutschen.

Die gefüllten Kanister stellte ich gut verschlossen jeweils in einen großen Plastiksack, um sie auf diese Weise zur Entsorgung zu befördern. In Savoyeux hatten wir es damit bequemer, da dort eine große Zisterne stand, in der dieses Bilgewasser aufgesammelt wurde. Hier in Auxonne war keine Werkstatt vom Hafenbetreiber, daher nahm ich die Kanister mit nach Düsseldorf, um sie hier über die Müllverbrennung zu entsorgen.

Die beiden Kanister wurden auf die kleine Karre gestellt, die uns hier zur Verfügung stand und dann ging es damit ab Richtung Auto, wo ich die Kanister in den Kofferraum stellte, damit sie uns in den nächsten Tagen an Bord keinen Platz nahmen oder anderweitig störten.

Fix und fertig von dieser aufregenden Arbeit wurde die Karaffe Rosé neu befüllt und ich zog mich auf meinen Liegestuhl im Schatten des Bimini zurück.
Da heute Sonntag war kamen auch ab Mittag die Krachmacher zum Einsatz, sprich die Wasserskischleppboote wurden zu Wasser gelassen und rauschten draußen ständig am Hafen vorbei.
Aber nach einer halben Stunde hört man die Boote nicht mehr oder man nimmt sie nicht mehr war.
Die Sonne stand hoch am blauem Himmel und so konnte man herrlich dösen und allen anderen Leuten bei deren Tätigkeiten zusehen.
Am Nachmittag trudelten die ersten Boote ein und Helga half Carole wie immer beim Annehmen der Festmacherseile. Das eine oder andere Boot bot uns dann auch wieder etwas Unterhaltung, da nicht jedes Mal das Anlegen auf Anhieb klappte. Warum müssen Anfänger, die gerade einmal zwei Stunden auf dem Boot sind, unbedingt rückwärts in eine Box zum Anlegen fahren, wie es die Privatfahrer machen, die aber teilweise schon jahrelang mit ihren Booten unterwegs sind?
Das ist Hafenkino pur und immer sehenswert.
Wie auch immer, man hilft gerne.
Nur die Überheblichen bei den Mietbootfahrern finden selten Freunde, da sie immer alles besser wissen, aber doch nichts können geschweige denn sich etwas sagen lassen.
Carole ist da sehr resolut: Sie schaut sich die Anlegeversuche an und erteilt Weisungen, wie man verfahren sollte. Wer ihren Anweisungen dann nicht folgt oder sich nicht belehren lässt bekommt keinen Platz im Hafen. Zumindest die Androhung eines Hafenverweises zeigt meistens Wirkung und später stellen sich die „Kapitäne" nicht selten als nette Leute heraus, denen nur das Kommando an Bord etwas zu Kopf gestiegen ist.

Oder war vielleicht doch die Sonne Schuld?

Wie auch immer, der Grill ruft, der Tag nähert sich dem Ende. Frisches Brot, dazu eine frische Salatmischung und ein Stück Fleisch auf dem Grill, so lässt es sich prima aushalten.
Nach dem Essen wurde der Krempel für unsere Spülkraft nach unten geräumt, danach wurde der Rest des Abends mit dem Zählen vorbeiztreibender Blätter auf dem Wasser der Saône verbracht, irgendetwas nützliches muss man ja tuen.
Irgendwann um zehn Uhr ging es dann in die Kojen, der Tag war lang genug.

Schluss für Heute, weiter geht es Morgen.

Auch am folgenden Montagmorgen war die Nacht für mich um kurz vor fünf Uhr zu Ende.
Irgendwie bin ich an Bord immer ein Frühaufsteher, obwohl es sich doch sehr gut im Schiff schlafen lässt.
Dafür komme ich mit dem Buch gut voran und nähere mich langsam meinem gesteckten Ziel, das ich im Urlaub gerne erreichen wollte.
Draußen ist es leicht dunstig, aber nicht kalt. Auf den Fenstern im Salon hatte sich zumindest kein Kondenswasser niedergeschlagen, das war ein gutes Zeichen.
Die Dunstschwaden stehen in leichten Wolken über der Wasseroberfläche wie Wasserdampf über einem Suppentopf. An den Stoffen von Bimini und Relingkleid hängen hunderte, gar tausende von kleinen Wassertröpchen und warten darauf von der aufgehenden Sonne verdampft zu werden.
„Mal schauen, wann sich Helga heute aus den Federn schraubt, der Kaffeeduft wird sie schon irgendwann anlocken", so meine innerste Überzeugung.
Nach dem Frühstück oben auf dem Promenadendeck wollte ich hier zumindest etwas Platz schaffen, der hier zwischengelagerte

Generator störte hier sehr und nahm uns auch sehr viel Platz weg. Nachdem ich am Vortag die Motorraumbilge entwässert hatte war dort alles bereit für das nächste große Thema an Bord:

Dieselstromgenerator einbauen.

Sorgfältig hatte ich den vorgesehenen Bereich dafür im Motorraum vermessen und alle Maße mehrfach genauestens kontrolliert, es sollte eigentlich passen.
Nur jetzt, als der Dieselgenerator bereit für den Einbau auf dem Ponton stand, sah er doppelt so groß aus wie die dafür vorgesehene Lücke.

„Wie bekomme ich den Generator nur nach unten in den Motorraum"?

Eine Frage, die ich mir in der letzten Stunde immer wieder gestellt hatte.
Es half alles nichts, das Ding war jetzt hier und sollte heute dort eingebaut werden.
Zuallererst ging es darum, dem Aggregat etwas Gewicht zu nehmen und zeitgleich die Größe minimal zu verringern. Also wurden der obere Deckel und der Tank entfernt, somit konnte man das Ungetüm auch besser anfassen.
Um ein lästiges und ungesundes Bücken zu vermeiden wurde um die beiden Tragegriffe ein Festmacher gelegt, somit konnten wir den Generator am Seil geführt nach unten an seinen vorgesehenen Platz absenken.
Es wurde sehr eng im Bereich der Motorraumabdeckung, aber es hatte alles gepasst und in kürzester Zeit saß er an seinem Platz.
Nun wurde der Verlegungsweg für das Abgasrohr bestimmt und damit die Stelle markiert, an der ich die Bordwand für die Rohrdurchführung durchbohren musste.

Die Stelle war markiert und mit einem kleinen Bohrer wurde das Loch vorgebohrt. Anschließend kam der Fräskopf zum Einsatz, den ich bei anderen Arbeiten bereits benutzt hatte und der mir schon vielfach eine Hilfe war.

Für die Durchführung hatte ich einen passenden Beschlag aus Deutschland mitgebracht, der sich auch problemlos montieren ließ und das Abgasrohr vom Generator aufnahm.

Allerdings kippelte der Generator unten auf den Streben, die dafür angefertigt worden waren, da der Unterbau wohl doch nicht so eben war wie er aussah.

Also kamen die Seile erneut zum Einsatz und das ganze Ding kam noch einmal hoch ans Tageslicht.

Mit einem passenden Holzbrett konnte die Höhe ausgeglichen werden und dann kam der Montageversuch Nummer zwei, der wesentlich besser verlief. Die Streben wurden gegen Verrutschen abgesichert und nun stand er fest auf seinem Platz.

Wenn sich der Einsatz von dem Stromerzeuger bewährt hatte sollte der Generator später etwas anders eingebaut werden. Ich wollte dazu dann die Tragrohre und den Tank abbauen und den Generator an die Dieselleitung des Bordnetzes anschließen. Dafür sollte die Leitung der Standheizung verwendet werden, die stattdessen einen zweiten kleinen Tank für Heizöl erhalten sollte, das deutlich preiswerter ist als der Diesel für motorische Zwecke.

Aber das kommt später einmal. Jetzt wurde erst einmal die abgebauten Teile am Generator wieder anmontiert, das Abgasrohr verlegt und gesichert und dann kam der Probelauf, vor dem es mich etwas graute.

Bei einem ersten Versuch in Düsseldorf musste ich eine ganze Weile den Seilzug ziehen bis der Motor zum ersten Lauf ansetzte, was mich ganz schön ins Schwitzen brachte.

Etwas Ähnliches erwartete ich nun hier.

Zuerst wurde der Tank vom Generator aufgefüllt, dafür hatte ich genug Diesel in einem Reservekanister an Bord.

Der Dekompressionshebel wurde gelöst und mit dem Seilzug der Motor in die richtige Position gedreht. Jetzt erfolgte ein kräftiger Zug zum ersten Anlaufversuch, aber siehe und staune, der Motor sprang sofort und nach nur mäßiger Kraftanstrengung an.
Alles klappte wie geschmiert und ich war zufrieden mit mir selber und lobte mich drei bis fünfmal für den hervorragenden Einbau und dem gelungenen Start.
Bei Betrieb war der Generator zwar deutlich zu hören, aber in wenigen Metern Entfernung war das gar nicht mehr so laut.
Prima. Der Generator wurde wieder abgestellt und schlagartig setzte wieder Ruhe ein.
Die Werkzeuge wurden weggepackt und für den Rest des Tages hatte ich mir als Belohnung spontan freigegeben. So konnte ich mich weiter der Abnutzung meines Liegestuhles widmen.
　Am späten Nachmittag zog sich der Himmel bedrohlich zusammen und später nach neunzehn Uhr wurde es zunehmend windiger. Große, bedrohliche aussehende und tiefhängende Gewitterwolken zogen über uns hinweg, aber es blieb trocken. Im Hinterland, irgendwo oben Richtung Dole, hörte man es leicht donnern. Die Wolkenformationen türmten sich im Umfeld höher und höher auf, aber über uns blieb das Wolkenloch bestehen und wir konnten dort noch einen teilweise blauen Himmel genießen. Selbst später beim Sonnenuntergang kamen die Sonnenstrahlen noch bei uns an, obwohl die Gewitterwolken dies zu hindern versuchten. Der Himmel verwandelte sich in ein buntes Lichterspiel, ständig wechselten die Farben der Wolken. Grau, fast schwarz waren sie am Horizont gefärbt um kurz darauf rötlich zu funkeln, es war ein schöner Anblick.
Als die Sonne endgültig in der Ferne versank wurde es auch für uns etwas ungemütlicher. Die Luft, um der Wärme der Sonnenstrahlen beraubt, wurde deutlich kühler, sodass wir uns entschieden hatten, zum Essen nach unten zu gehen.
Später nach dem Essen ging es noch einmal hoch auf das Nildeck, um das Bimini einzupacken, falls es in der Nacht stärker regnen

sollte oder windig wird. Bis zum Einbruch der Dämmerung blieben wir noch oben sitzen, um über unsere nächsten weiteren Schritte zu beraten.
Der Dieseltank der *INGRINE* war nicht ausreichend aufgefüllt und so beschlossen wir am nächsten Morgen den Hafen zu verlassen und für eine Fahrt ins Blaue aufzubrechen. Unser erstes Ziel sollte die Flusstankstelle in Saint Jean de Losne sein.

Alles andere wollten wir danach entscheiden.

Flussfieber

Der Dienstagmorgen begrüßte uns mit einem bedeckten Himmel, eine Folge von dem Gewitter am Abend zuvor, dass sich noch lange hörbar irgendwo im Hinterland ausgetobt hatte.
Wir verabschiedeten uns von Roy und Carole für die nächsten Tage mit unbekanntem Ziel und ich warf noch einen Blick auf den Aushang der aktuellen Wettervorhersage am Büroboot, die hier für die Region ziemlich zuverlässig ist, wenn auch nur in einer drei-Tage-Vorschau.
Für den Vormittag wurde das trübe Wetter noch bestätigt, danach sollte es in den folgenden Stunden aber besser werden.

Wir sind gespannt.

Pünktlich um neun Uhr wurde der Motor der *INGRINE* gestartet und das Stromkabel eingeholt. Der Gefrierschrank wurde auf den Inverter umgeschaltet und somit stand unserer Abfahrt nichts mehr im Wege.

Die Leinen wurden gelöst und langsam ging es aus der Box raus in das Hafenbecken, um einmal Richtung Ausfahrt den Steg zu umrunden.

Wie immer stand Carole vorne auf der Landungsbrücke und signalisierte uns eine freie Ausfahrt auf die Saône und winkte uns noch eine Weile hinterher.

Jetzt waren wir also wieder auf großer Tour unterwegs, nur wohin werden uns die Fluten diesmal spülen??

Mit mäßiger Drehzahl richtete ich das Boot im Fahrwasser aus, es braucht immer einen kleinen Moment, bis man mit dem Boot eins wird.
Wir waren alleine auf der Saône unterwegs, weder vor noch hinter uns war ein Boot zu sehen. Nach den ersten vierhundert Metern auf dem Fluss ging es für uns nach der Brückenunterquerung bereits wieder nach links ab und unter die Eisenbahnbrücke hindurch, um in den Zuführungskanal zu gelangen. Auch der Kanal war frei, nur in weiter Ferne konnte ich ein Mietboot ausmachen, dass vor der Schleuse kreuzte.
Wir kamen gut voran und erreichten nach den zwei Kilometern Kanal den Schleusenbereich, noch bevor das Mietboot einfahren konnte.
Irgendwie hatte die Crew den Auslöser nicht richtig betätigt, aber es dauerte eine Weile bis man das bemerkte und wieder zurück zum Seil fuhr, das über dem Kanal hing. Der zweite Versuch war erfolgreicher, diesmal öffnete sich das Obertor und das grüne Licht ging an.
Genauso unsicher wie bei der Schleusenanforderung fuhr das Boot anschließend in die Schleuse von Auxonne ein und hatte noch nicht die richtige Technik entwickelt, um die Poller in der Kammer zu belegen. Durch deren Unsicherheit beim Manövrieren hatten wir

ausreichend Zeit um die Schleuse für einen gemeinsamen Durchgang zu erreichen, ohne dass ich Fahrt erhöhen musste.
Ich nahm kurz vor der Einfahrt in die Schleusenkammer die Fahrt weg und ließ mich mit dem letzten Schwung in die Kammer hineintreiben, um dann mit einem kurzen Rückwärtsschub an der richtigen Position aufzustoppen.
Wir lagen auf richtiger Höhe vor den Pollern, nur der Abstand von der Mauer war etwas weit, was aber schnell korrigiert werden konnte. Die Festmacher wurden über die Poller gelegt und ich gab der Crew vor uns ein Handzeichen, das wir bereit seien für die Schleusung und kurz darauf ging es abwärts mit uns.
Die *INGRINE* verschwand, wie auch das Mietboot, in der Tiefe der Schleusenkammer. Der Hub in der Schleuse von Auxonne beträgt nur einen Meter dreiundachtzig, allerdings hat die Kammer sehr hohe Wände über dem Wasserniveau, daher kommt einen die Schleuse wesentlich höher vor.
Nach wenigen Minuten waren wir unten und das Tor ging mit dem gewohnten Rumpeln auf. Helga bekam wie immer die Anweisung den Festmacher so lange zu halten, bis das Mietboot vor uns aus der Schleuse war, bekanntlich verwenden diese Boote Vollgas zur Fortbewegung.
Und so war es auch.
Ich war in der Zwischenzeit ans Ruder zurückgekehrt und gab Signal zum Ablegen und Helga holte das Seil ein. Die *INGRINE* folgte brav meinem Ruderkommando und gemütlich nahm ich Fahrt auf, um die Schleuse zu verlassen.
Das Mietboot war schon ein schönes Stück voraus, als wir den Schleusenvorhafen verließen und auf die Saône zurückkehrten.
Dort erfolgte dann das Übliche: das Mietboot gab Knallgas und ab wurde weiter in den Urlaub gerast.

Warum haben es manche Leute in den Ferien immer so eilig?

Was soll´s, wir hatten jedenfalls unsere Fahrt runter nach Saint Jean de Losne genossen. Die *INGRINE* war erst vor einer Stunde für die große Fahrt aufgeweckt worden und ich wollte den Motor erst einmal langsam wieder an die Arbeit gewöhnen.
Bei mittlerer Drehzahl hatten wir zwischen zehn bis zwölf Stundenkilometer auf dem GPS, eine ausreichende Geschwindigkeit für uns. Das Mietboot war schon weiter voraus und entfernte sich zunehmend von uns und so dümpelten wir wieder alleine auf dem Fluss dahin.
Langsam klarte der Himmel auf und es wurde allmählich heller und heller und sah nicht mehr so nach Regen aus. Wir passierten auf unserer Fahrt zuerst Mailly-le-Port und eine Viertelstunde später kam der Rhein-Rhône-Kanal in Sicht.
Das futuristisch aussehende Gebäude ohne Zweck konnte man gar nicht übersehen. Die Kammer war auf, das Signal stand auf Grün, die Einfahrt war frei und lockte, aber für uns ging es erst einmal weiter nach Saint Jean, um dort Diesel zu bunkern.

Vielleicht entscheiden wir uns doch noch für Dole?

Es war nun kurz vor zehn Uhr und der Himmel wurde immer blauer, es sah immer mehr nach gutem Wetter aus. Ein paar weiße Wolken zogen noch hoch am Himmel über uns hinweg, aber der Sommer und die Stadt kamen in Sicht.
Sowohl die Halte Fluvial am Campingplatz wie auch der Quai National waren mit Booten voll besetzt, hier hätten wir bei Bedarf keinen Platz gefunden, alles voll belegt.

Zum Glück waren wir auch nicht mehr darauf aus. Wäre am zentral gelegenen Stadtsteg noch ein Platz frei gewesen hätten wir uns das vielleicht überlegt, hier einen Stopp einzulegen, aber auf Krampf wollten wir hier nicht anlegen.

Das hatte sich so oder so auch bereits erledigt, denn durch die Fahrt über die Saône runter von Auxonne nach Saint-Jean-de-Losne hatten wir beide einen starken Anfall von Flussfieber bekommen.
Und so sollte es nach dem Auftanken heute noch weiter südwärts gehen, soviel stand bereits schon fest.

Wie weit es uns aber südwärts treiben würde hätte in diesem Moment aber keiner von uns geahnt.

Die Brücke von Saint Jean wurde passiert und die Flusstankstelle, oder besser gesagt der Tankponton, lag Steuerbord voraus gut zweihundert Meter vor uns.

Der Steg war komplett leer und wir konnten das Novum in diesem Jahr zum ersten Mal sehen: Auf dem Ponton war ein großes Schild mit großen Zahlen angebracht, dem man aus einiger Entfernung entnehmen konnte, was an Literpreis für Super und Diesel berechnet wird, so wie wir es von den ganz normalen Straßentankstellen überall her kannten.

Der Preis hängt wie bei einer normalen Tankstelle sichtbar aus und so kann bei der Anfahrt abgewägt werden, ob der Preis akzeptabel ist oder man zur nächsten Tanke weiterfahren möchte, sofern der Tank nicht zu leer ist, allzu viele Tankmöglichkeiten gibt es für den Wassersport eben nicht. Oder man füllt Kanistern an einer Straßentankstelle auf und schleppt sich mit diesen zum Boot ab.

Für uns gab es den Diesel für 1,33[4] €, das war soweit akzeptabel. Der Tank im Bauch der *INGRINE* wurde mit zweiundneunzig Litern Diesel aufgefüllt, es fehlte uns also nicht einmal die Hälfte vom Tankinhalt und entsprach etwa der Menge, die ich nach Berechnungen im Bordbuch vermutet hatte.

Zum Bezahlen ging es dann Oben an Land in einen Bürocontainer. Unser Bötchen war im Computersystem hinterlegt, da wir dort bereits öfters den geringen Durst unseres treuen Gefährtes gelöscht hatten.

An Bord wurden die Papiere und die Rechnung verstaut, dann konnte es weitergehen.

Der Aufenthalt an der Tankstelle hatte uns nicht viel Zeit gekostet und kurz nach elf Uhr wurden die Leinen gelöst und unsere Fahrt wurde fortgesetzt.

Während der Betankung der *INGRINE* hatte ich mich mit Helga über den weiteren Verlauf des Törns kurz beraten und unser heutiges Ziel wurde festgesetzt: Verdun-sur-le-Doubs, Eis und Waffelessen war angesagt.

Nach dem Ablegen vom Tankponton passierten wir die Einfahrt zum Canal de Bourgogne und dem Gare de Eau und nach einem weiteren Kilometer das große Silo von Saint Jean, an dem gerade ein größerer Frachter mit Getreide beladen wurde.
Vor uns auf der Saône war die Strecke frei und von achtern drohte auch keine Gefahr.
Der Fluss schlängelte sich vorbei an der alten Schleuse von Saint Jean, in der die Kunden von H_2O mit ihren größeren Booten lagen, meistens waren das alte zum Wohnboot umgebaute Frachtkähne, die wegen ihrer Größe an den Stegen in Auxonne oder im Gare de Eau schwieriger Platz finden können.
Nach weiteren vier Kilometern kam das Stauwehr von Pagny und kurz vorher verließen wir die Saône nach links in den acht Kilometer langen Zuführungskanal zur Schleuse von Seurre. Bis auf den letzten Kanalbogen kurz vor der Schleuse selber verlief der Kanal schnurrgeradeaus, im ersten Stück war er eingefasst von großen Felsbrocken und später auf dem letzten Kilometer von unschönen Spundwänden.
Kein besonders landschaftlich schönes Stück Strecke, aber zum Glück war das hier in der Region eine Ausnahme.
Wir waren im oberen Teil des Kanals unterwegs, als ich ein Boot ausmachte, das weit hinter uns den Fluss verlies und uns in den Kanal folgte. Beim Erreichen der Kanalkurve meldete ich uns über Funk beim Schleusenwärter an, der uns die Einfahrt über Funk auch freigab.
Nach der langgedehnten Kurve kam die Einfahrt der Schleuse in Sicht, das Obertor war offen und die Ampel stand für uns auf Grün. Bei unserer Einfahrt in die Schleuse hatte uns der rasende Urlauber eingeholt und von hinten kam noch ein weiteres Boot, auf das wir dann in der Schleuse warten mussten.
Die Wartezeit auf das zweite Boot war aber auch nötig, da die Mietbootcrew ihre Mühe damit hatte, ihr Charterboot parallel zu der Schleusenwand zu halten und die Taue um die Poller zu bekommen.

Aber irgendwann kam dann einer von der Renncrew auf die Idee sich bei uns abzuschauen, wie wir die Seile belegt hatten und die Taue wurden anders belegt.
Das zweite Boot, ein englischer Privatfahrer, war in der Zwischenzeit in der Schleuse angekommen und hatte sehr schnell seine Position eingenommen. Das Tor wurde verschlossen und die Talschleusung eingeleitet.
Vier Meter tiefer öffneten sich die beiden unteren Tore und gaben uns die Ausfahrt aus der Schleuse frei. Helga übernahm zusätzlich mein Tau, auf das aber wie bei ihrem kein großer Zug mehr ausgeübt wurde und ich ging nach innen ans Ruder. Am Steuerstand angekommen gab ich ihr das Zeichen, die Taue endgültig zu lösen und verabschiedete und bedankte mich über Funk beim Schleusenwärter, der uns von oben aus dem Fenster zuwinkte.
In dem kurzen Stück nach der Schleuse bis zum Hafen von Seurre, der an Backbord lag, vielleicht eine Strecke von dreihundert Metern, schossen die beiden Boote an uns vorbei, um den besten Platz im Hafen von Seurre zu bekommen, wir könnten den ja unter Umständen für uns beanspruchen.
Im Hafen waren aber fast alle Plätze frei, wie wir kurz danach sehen konnten.
Der Engländer bog ab um am Ponton anzulegen und das Mietboot überlegte es sich dann doch noch anders, gab Gummi und rauschte am Hafen vorbei.
Wir waren gemütlich hinter dem Geschehen her getuckert und kurze Zeit darauf waren wir wieder alleine mit der *INGRINE* auf dem nun großen Saône genannten Fluss unterwegs.
Die nächste Schleuse erwartete uns nach neun Kilometern, was einer knappen Stunde Fahrt entsprach. Vermutlich haben wir das vorgefahrene Mietboot dann dort wieder eingeholt, falls es vor der Schleuse warten musste.
Derweil war das Wetter weiter auf dem Weg sich zum Sommer zu entwickeln und es machte uns immer mehr Spaß, wieder auf Fahrt zu sein. In Gedanken beschäftigte ich mich schon eine Weile damit,

wie der weitere Verlauf unserer Reise wohl aussehen könnte und verschiedene Versionen entwickelten sich, waren aber noch nicht ganz spruchreif.

Wir fuhren auf der Saône entlang der grünen Wiesen von Chazelles, auf denen wie immer einige Herden von hellbraunen Rindern grasten und bogen bei Charnay-lès-Chalon vom Fluss ab und auf unsere dritte und letzte Schleuse für heute, unserer „Lieblingsschleuse" Écuelles, zu.

Hier wurden wir in der Vergangenheit mit der *INGRINE*, ob bei Berg-oder Talfahrt, immer in einen Suppentopf mit brodelndem Wasser geworfen. Das Wasser strömte mit Wucht in die Kammer ein und schäumte wie bei einem Wildbach, warf uns in den Wellen hin und her, eine Orkanfahrt auf dem Atlantik konnte nicht schlimmer sein.

Wir hatten wegen dem starken Zug an den Seilen in dieser Schleuse stets unsere Mühe, unsere Leinen halten zu können um die Position am Poller nicht zu verlieren.

Aber heute war alles anders.

Die Tore wurden nach unserer Einfahrt geschlossen und wir machten uns bereit für unseren Höllenritt. Helga wurde instruiert, nicht die Taue zu queren und diese frei zu halten, damit im Notfall sich nichts verheddert und die Seile frei geführt werden konnten.

Aber Fehlanzeige.

Merklich ging es mit uns bergab, nur das brodeln fehlte.

Die Schleuse wurde bei unserer heutigen Passage von einer Frau bedient, wie ich aus dem Funkspruch bei unserer Anmeldung erkennen konnte, ob das der Grund war oder klemmte ein Schütz und ließ nur vermindert das Wasser passieren?

Wie auch immer, wir waren angenehm überrascht und unsere gute Laune hatte den heutigen Dämpfer verpasst und setzte sich somit fort.

Die *INGRINE* verließ mit unbeschadeter Moral der Crew die Schleuse und nahm ihre Weiterfahrt auf. Eine Stunde trennten uns nun noch von unserem für heute gesteckten Ziel und ich konnte an meiner groben Tourenplanung für die nächsten zwei Wochen weiterarbeiten.
Helga musste noch eingeweiht werden, aber das hatte noch Zeit.

Vielleicht ändert sich mein Plan ja auch noch je nach Stimmungs- oder Wetterlage?

Die Uhr näherte sich der vierzehn Uhr Marke und wir uns mit dem Boot der alten Schleuse von Verdun, deren Reste, ebenso wie einige der anderen alten und nicht mehr benutzten Schleusenanlagen zwar noch vorhanden sind, aber als Liegeplatz oder für sonstige Dinge zweckentfremdet wurden. Durch den Ausbau der Saône für Schiffe der Europaklasse und dem damit nötigen Bau von Großschleusen waren viele der älteren kleinen Freycinetschleusen überflüssig geworden, aber nur wenige wurden nach dem Ausbau auch tatsächlich abgerissen.
Durch die alte Schleuse von Verdun macht die Saône hier einen Bogen um die ehemalige Schleusenanlage und bildet so eine Engstelle. Im Funk melden sich die Berufsfahrer aber und geben ihre Positionen durch, so erfährt man meistens, wenn einem ein Pott an dieser Stelle entgegenkommt.
Auf der Höhe der alten Schleuse befanden wir uns auch bereits am Mündungsdelta der Doubs, die vor der Ile de Chateau und hinter Verdun mit der Petit Doubs drei Abflüsse in die Saône hat, aber nur der mittlere Hauptarm ist befahrbar.
Die Einfahrt in die Doubs ist etwas mit Vorsicht zu genießen, da hinter der Ile de Chateau eine kleine Untiefe in die Saône herausragt

und einem andererseits aus der schmalen Doubsmündung ein Frachtschiff entgegenkommen kann, denn oberhalb vom Ort befindet sich ein großes Silo mit Verladeanlage und wir konnten hier schon öfters größere Frachter beobachten, die am Hafen vorbei den Doubs hoch- oder herunterfuhren.

Mit verminderter Fahrt verließen wir nun die Saône und begaben uns die vierhundert Meter bergwärts in Richtung zum Hafen, der, wenn man wie wir von unten in die Doubs einfährt, durch den Ort verdeckt ist.

Der Hafen war von Mietbooten und einigen Privatfahrern gut besucht, aber in der Nähe unseres Lieblingsplatzes war noch ausreichend Platz für zwei Boote vorhanden und ich steuerte diese Lücke an. Vor dem angepeilten Liegeplatz wurde die *INGRINE* aufgestoppt, gedreht und Rückwärts ging es an den Steg. In der Zwischenzeit war der Sohn des Hafenmeisters am Steg angekommen und nahm unsere Taue in Empfang, um uns beim Anlegen zu Helfen. Er hatte uns wiedererkannt und begrüßte uns herzlichst mit einem Handschlag, waren wir doch schon so oft hier gewesen. Es wurden noch ein paar Worte gewechselt, „er bräuchte uns ja nichts zu erklären", so sagte er, „wir würden uns ja auskennen".

Die *INGRINE* wurde nun von uns ordnungsgemäß vertäut und anschließend wurde die Stromversorgung gelegt, unser Gefrierschrank war voll und durch die Stromversorgung während der Fahrt auf Minus vierundzwanzig Grad herabgekühlt und das sollte auch hier im Hafen so bleiben.

Nachdem wir uns etwas frisch gemacht hatten ging es nach oben in das Hafenbüro, um uns dort anzumelden und um unserer Liegeplatz für die Nacht zu bezahlen. Der Chef war in der Zwischenzeit eingetroffen und ich begrüßte auch ihn mit einem Händedruck, er stand oben am Geländer der Capitainerie und schaute sich die Manöverversuche diverser Mietbootfahrer wie immer mit einem verschmitzten Lächeln an.

Auch wir lieben Hafenkino.

Nach dem Verlassen vom Büro suchten wir uns einen schönen Platz an einem Tisch an der Mauer hoch oben über dem Hafen und es folgte das obligatorische Ankerbier, hier in Verdun in Form von Waffeln mit Sahne für die Bordfrau, der Steuermann begnügte sich mit einem Rosé, der auch noch kalt serviert wurde.
Wir rückten unsere Stühle auf der Terrasse etwas zurecht um etwas Schatten der Platanen zu erwischen und hatten von hier den wunderschönen Ausblick auf das kleine Örtchen und direkt unter uns am Steg lag unsere *INGRINE*.
Hier oben hatten wir schon so oft gesessen und auch heute würde wohl noch das eine oder andere Glas Rosé dazukommen.
Bei der Aussicht und dem Wetter war es nicht schwer sich zu entspannen und den Urlaubstag zu genießen.
Zwischen Waffeln und Cappuccino war der perfekte Zeitpunkt gekommen, um meine Besatzung in meine Pläne für die nächsten Tage einzuweihen.
Bei vielen Träumereien und Überlegungen hatten wir in der Vergangenheit öfters davon gesprochen, einmal mit der *INGRINE* auf größere Tour zu gehen. Ein fernes Wunschziel ist es auch einmal mit unserem Boot die Rhône herab bis in die Camargue und weiter in den Canal du Midi zu fahren.
Zugleich kamen aber immer gewisse Zweifel auf, ob unsere alte Dame eine solche Reise auf den doch größeren Wasserstraßen auch meistern würde.
Im Jahr zuvor hatten wir bereits Mâcon besucht und waren von der Fahrt dorthin vollkommen begeistert gewesen, alle Bedenken waren völlig unnötig gewesen.
Eines unserer näheren großen Fernziele war die Stadt Lyon, die am Zusammenfluss von Rhône und Saône gelegen ein Meilenstein für uns für unsere Zukunftsüberlegungen darstellte.

Lyon.

Ich erklärte meiner Crew den groben Zeitplan für die Anreise, die Dauer des geplanten Aufenthaltes und die ungefähren Etappen für unsere Rückreise. Zudem war genug Puffer im Zeitraster, sodass unsere Rückfahrt auch genossen werden konnte und nicht in einem Rennen nach Hause enden würde, falls bei einem Etmal eine Verzögerung eintreten sollte.

Meine Crew schob sich einen Bissen Waffel mit Sahne in den Schlund und sagte dann nur: „O.K."

Somit war es ernst geworden. Das Flussfieber hatte uns voll erwischt und es gab kein Entrinnen mehr, kein Gegenmittel konnte uns von unserem Vorhaben abbringen, ab Morgen sollte es weitergehen Richtung Süden.

Der restliche Rosé verschwand in meiner Kehle wie das Geld für unsere Kaffeerunde im Portemonnaie der Bedienung und wir begaben uns wieder runter zu unserer *INGRINE*, musste sie auch noch eingeweiht werden.

Später sind wir dann noch in den Ort gegangen um bei ATAC, einem Supermarkt und Tochterunternehmen von Auchan, noch ein paar Sachen zu besorgen, die die Proviantmeisterin im Vorfeld unserer von nun an großen Fahrt schlichtweg vergessen hatte, ich sage nur Hühnerpizza.....

Wir haben nach der Rückkehr vom erfolgreichen Einkaufen noch lange oben an Deck gesessen und von dort den Anblick vom Ort und die Ankunft einiger Mietboote genossen, darunter war auch tatsächlich ein lustiger Geselle, der von uns verlangte, wir sollten unseren Platz für ihn räumen, sein Boot sei größer und breiter, wir könnten ja mit unserem Boot außen am Steg festmachen.

Es gibt Momente, da verstehe ich kein Französisch, auch nicht wenn es ein Landsmann von uns ist.

Mein Ratschlag an den Kapitän für einen solchen Fall:

Mal ab und zu unter den Sonnenschirm gehen.

Nach dem Abendessen, das aus einem bunten Salat und einem Flammkuchen bestand, hatten wir noch eine Weile über unseren Plan und auch über die bisherigen Aufenthalte hier in Verdun-sur-le-Doubs gesprochen und dabei war uns auch aufgegangen, dass wir für die Reise hierhin früher von Savoyeux aus hin und zurück gut eine Woche mehr benötigt hatten. Somit stand endgültig fest, wir wollten es runter bis nach Lyon wagen.
Im Vorjahr waren wir bereits bis nach Mâcon geschippert gewesen, von dort aus waren es nur noch leicht über achtzig Kilometer bis zur Mündung der Saône in Lyon.
Der Etappenplan wurde endgültig angelegt und wir hatten ein ausreichend sicheres Zeitfenster für die Rückreise, sodass unserem Abenteuer nichts mehr entgegenstand.
Beruhigt konnte ich mich im Liegestuhl zurücklehnen und versuchte für den Rest des Abends angestrengt das Reisegewicht des Bootes zu verringern, indem ich den Vorrat vom Rosé zu dezimieren versuchte, was mir trotz aller Anstrengungen aber doch nicht so recht gelingen wollte.
Die Wärme des Tages wurde, von den Mauern gespeichert, an die Abendluft wieder abgegeben und reicherte die Luft zugleich mit einem erdigen Geruch an, der sich hier im Hafen am Fluss mit den Gerüchen am Wasser vermischte.

Tief durchatmen, so riecht Urlaub.

Später gingen dann nach dem Sonnenuntergang oben im Ort die ersten Straßenlaternen an und hüllten die Umgebung der Häuser und Bäume in dieses typisch französische gelbe Licht, das es bei den Autos heute leider schon nicht mehr so gibt.
Mit den Vorzügen des vereinten Europas verschwinden leider doch so manche Charakterzüge eines jeden Einzelstaates.

Die Globalisierung hat doch auch ihre großen Nachteile.

Am nächsten Morgen, einem Mittwoch, war ich wieder um halb sechs aufgestanden, so wie an den meisten der letzten Tage. Über Nacht war es recht kühl geworden, die Außentemperatur betrug nur noch sechs Grad, im Salon waren es elf Grad, aber bei uns in der Kabine war es angenehm warm geblieben. Helga hatte am Abend die Heizung im Salon abgestellt, diese sollte auf kleinster Stufe eigentlich an bleiben, um ein zu starkes Auskühlen zu verhindern.
Der Laptop wurde gestartet und zuerst wurde ein wenig in den Nachrichten gelesen, dann kramte ich meine Unterlagen heraus und begann, an meinem ersten Buch weiterzuschreiben.
Die Sonne kam über den Horizont gekrochen und überraschte uns zu früher Stunde mit einem strahlend blauen Himmel und dem Hinweis, dass es heute warm werden würde.
Nach dem Start der Kaffeemaschine ging es erst einmal daran, unserer Lieblingsschwiegertochter, zu dem Zeitpunkt hatten wir nur eine, daheim zum Geburtstag zu gratulieren und es wurde eine Glückwunsch-eMail abgesetzt.
Wir hatten bereits ein schlechtes Gewissen, es war bereits das zweite Mal, dass wir zu ihrem Ehrentag in Urlaub waren und so nicht persönlich unsere Grüße übermitteln konnten und beim Tortenvernichten nicht helfen würden.
Unser heutiges erstes Etappenziel auf unserer nun beschlossenen Tour sollte Mâcon sein. Eine etwas größere Entfernung dorthin und deutlich mehr an Fahrstrecke, als es sonst für unseren normalen Tagesschnitt üblich war. Da ich die *INGRINE* trotzdem nicht jagen wollte, blieb uns als andere Möglichkeit nur eine frühe Abfahrt von Verdun als Alternative über.
Kurzum, um acht Uhr fünfundvierzig verließen wir den schönen Hafen, der bei unserer Abfahrt von der Sonne voll angestrahlt wurde und so einen schönen Kontrast zum Hintergrund bildete, ein perfektes Fotomotiv, das ich mir auch nicht entgehen ließ.
Geruhsam ging es die kurze Strecke zurück runter bis zur Saône und dann drehten wir unser Boot wieder auf Südkurs.

Zu dieser frühen Stunde hatten wir eine lange Zeit die Saône für uns alleine und konnten so die Fahrt in vollen Zügen genießen, ohne von einem rasenden Touristen in unseren Gedanken gestört zu werden.

Nach meinem Tourenplan war heute eine größere Strecke zu fahren und nur die Schleuse von Ormes lag zwischen uns und unserem Ziel in Mâcon.

Die beiden bereits im letzten Jahr besuchten wunderschöne Städte Chalon-sur-Saône und Tournus sollten dabei heute nur passiert werden, sie kamen als mögliche Stopps auf unserer Rückfahrt in Frage und standen dafür im Plan.

Bei mittlerer Drehzahl kamen wir gut voran, unsere Geschwindigkeit war mit zehn bis elf Kilometer in der Stunde für uns ausreichend schnell, wir waren ja im Urlaub und nicht auf der Flucht, und mit diesem Tempo sollten wir am Nachmittag Mâcon sicher erreichen. Das Wetter war geprägt von Sonnenschein mit blauem Himmel, nur vereinzelte Wolken waren zu sehen, aber der Wind von Norden war doch noch sehr frisch.

Helga hatte den Ausguck am Bug besetzt und hörte sich dort über Kopfhörer etwas Musik an, durch den Aufbau des Bootes war sie dort etwas windgeschützter als oben auf dem Nildeck.

Kurz vor der Einmündung des Canal du Centre in die Saône kam uns oberhalb von Chalon ein kleineres Hotelschiff entgegen, unsere erste Begegnung mit einem anderen Boot am heutigen Vormittag. Wenig später kreuzte noch ein Segelboot unseren Weg nach Süden und wir erreichten den letzten Flussbogen vor der Stadt.

Majestätisch lag die Pont de Bourgogne vor uns, ebenfalls ein immer wieder gerne gesehenes Fotomotiv. Es folgten die üblichen Bilder vom Stadtpanorama bei unserer Vorbeifahrt, fast jedes Jahr wurden die gleichen Aufnahmen gemacht, nur die Wolken auf den Bildern ändern sich von Aufnahme zu Aufnahme.

An den Anlegern der großen Hotelschiffe lag heute nur ein einziges Schiff, die anderen waren wohl mit ihren Gästen auf dem Weg nach Avignon, oder auf der Rückfahrt von dort, unterwegs.

Nach dem Passieren der Stadt ging es für uns unterhalb von Chalon weiter am Handelshafen vorbei und wenige Kilometer danach zog es die Saône in einem leichten Bogen nach rechts ab Richtung Süden.

Für uns war es heute ab unserer Abfahrt in Verdun das erste Mal auf einer unserer bisherigen Touren auf dem Fluss, das die Kilometrierung zugleich ein Hinweis auf die verbleibende Entfernung zu unserem späteren Reiseziel war.

In leichten Mäandern, später eher in gerader Richtung schlängelte sich die Saône durch die Landschaft, die nur durch wenige Ortschaften unterbrochen wurde. Zeitweise lag der Fluss über mehrere Kilometer einsehbar vor uns, am Ufer gesäumt von Bäumen und Feldern, manchmal auch kleinen Waldstreifen. Im Fluss konnte man an den grünen und roten Tonnen die Kilometer abzählen, die vor einem lagen.

Helga hatte es sich nun auf dem Sonnendeck gemütlich gemacht, die Luft war wärmer geworden und dort oben hatte sie eine bessere Aussicht auf die Umgebung. Die *INGRINE* lief im Fahrwasser fast von alleine ihren Kurs und so konnte ich das Ruder verlassen und leistete ihr an Deck etwas Gesellschafft, dabei hatte ich aber immer das Umfeld im Auge, falls ein Eingreifen am Ruder nötig war.

Bei Begegnung mit einem anderen Boot bin ich ans Ruder zurückgekehrt, bei dieser langsamen Geschwindigkeit kam da auch so schnell keine Hetze auf und zum Glück konnte man entgegenkommende Schiffe bereits Kilometer vorher sehen.

Die alte Schleuse von Gigny kam in Sicht, die ehemalige Schleusenkammer war zu einem kleinen Hafen umfunktioniert worden und ein kleiner Bootsvermieter hatte sich dort vor Jahren niedergelassen. Durch die stillgelegte alte Schleuse gab es auch hier eine kleine, wenn auch kam ins Gewicht fallende Engstelle, da der alte Damm von der gegenüberliegenden Uferseite mit dem Ausbau nicht vollständig entfernt wurde, er ist Unterwasser nach wie vor vorhanden, durch Tonnen markiert aber Überwasser nicht zu erkennen.

Unterhalb der alten Schleuse machte der Fluss auf dem letzten zwei Kilometern vor der Schleuse Ormes einen seichten Bogen und gab erst dann den Anblick der Anlage frei.
Und damit war es dann endlich soweit, noch ein paar Kilometer weiter und wir nähern uns unserer einzigen Schleusung für heute.
Auf den letzten paar hundert Metern kam uns aus der Schleuse ein größeres Boot entgegen, es war das Ausflugsboot von Pont de Vaux, es war wohl auf einer Tagestour nach Chalon unterwegs.
Bei der Anfahrt machten wir uns für die Schleuse fertig, das heißt, es wurden die Schwimmwesten angezogen, da dies in den Großschleusen so vorgeschrieben ist. Helga legte die Taue bereit und wartete ab, ob wir an Backbord oder Steuerbord in der Schleuse anlegen. Ich bevorzuge die Steuerbordseite, da ich einen linksdrehenden Propeller am Boot habe.
Über Funk wurde eine Begrüßung an den Èclusier gesendet, da die Ampel auf Grün stand und die Tore weit offen waren hatte ich bereits freie Einfahrt in die Kammer.
Der Motor wurde abgestellt, dreizehn Uhr fünfzehn kam als Eintrag ins Bordbuch. Helga hatte bereits den Poller mit unseren beiden Tauen belegt, ein eingespieltes Team eben. Ich ging an Deck und übernahm mein Tau, nun mussten wir nur noch etwas warten, denn von oben kam noch ein weiteres Boot nachgefahren.
Wie sich dann in der Schleuse herausstellte waren es wohl Anfänger, vermutlich mit einem Mietboot von Gigny, die hier zum ersten Mal einen Kontakt mit einer Schleuse hatten.
Die beim Anlegen und Festmachen verwendete Technik war sehenswert und es dauerte nicht lange, und der Schleusenwärter kam der Crew zu Hilfe, dennoch blieb ein Schleusenhaken auf der Strecke, sprich plumpste ins Wasser und war futsch.
Mit frisch lackierten Fingernägeln kann man die Dinger auch so schlecht festhalten……
Eine halbe Stunde nach unserer Einfahrt öffnete sich das Untertor und gab uns den Ausblick auf den bisher durchs Schleusentor ver-

sperrten Weg frei. Direkt vor uns lag ein Havarist, der im Päckchen von einem Schleppboot gezogen wurde, im Fahrwasser.
Ich fuhr mit der *INGRINE* an die Seite, um dem Verband mehr Platz zu schaffen und unser Schleusenspezi, ich meine den ohne Schleusenhaken, hatte nichts Besseres zu tun, als zum Überholen anzusetzen und sich dazwischen durchzuquetschen.

Egal was ist oder kommt, nur Vollgas zählt.

So Deppen lassen wir gerne ziehen, dann haben wir es danach wieder ruhiger auf dem Wasser.

Wie heißt doch noch das Sprichwort? Der Klügere gibt nach.

Die Saône wirkte ab hier deutlich breiter, es kann aber auch an den weiten flachen Feldern liegen, die diese Optik unterstützen. Die folgenden sieben Kilometer bis nach Tournus sind auf jeden Fall herrlich anzusehen und man bekommt immer mehr den Eindruck, sich dem Süden zu nähern.
Etwa eine halbe Stunde nach der Schleuse hatten wir die malerisch gelegene Stadt erreicht. Der Stadtsteg war komplett belegt (da Strom und Wasser umsonst) und fiel als alternatives Ziel für heute aus, aber es war ja auch noch früh am Tag.
Damit gab es keine Wahl oder Überlegung hier zu halten und so lagen nun noch dreißig Kilometer vor uns, bis wir den Hafen von Mâcon erreichen würden und damit würde es etwas später heute mit unserem Tagesabschluss werden.
Oben an Deck wurde es langsam ungemütlich, die Sonne fing an zu brennen, aber zum Glück hatten wir das Bimini, das uns ausreichend Schatten spendete.
Damit die Bordfrau nicht geröstet würde spannten wir das Verdeck auf und alle an Bord waren zufrieden.
Ich ging wieder nach unten in die kühlere Umgebung an meinen Steuerstand zurück und kontrollierte wie so oft die Kontrollanzei-

gen vom Motor und warf auch einen Blick auf die Temperaturanzeige vom Gefrierschrank, der wie Erwartet oder erhofft arktische Werte anzeigte. Alles war in Ordnung.
Die landschaftlich schöne Strecke zwischen Tournus und Mâcon hatte uns bei unserer ersten Fahrt hier herunter im letzten Jahr bereits sehr gefallen und erinnerte mich stark an die Landschaft am Niederrhein. Die Wälder waren größtenteils gewichen, die Wiesen reichten oft bis an den Fluss heran, und überall waren Pferde, Rinder oder auch Esel auf den Weiden. Der am Ufer an Ausspülungen sichtbare sandige Boden verrät auch einen Haupthandelsstoff aus der weiteren Umgebung hier am Fluss. Immer öfters kommt man an Baggerseen oder Verladestellen für Sand vorbei, der hier im großen Stil abgebaut wird. Der hier gewonnene Sand wird verschifft und dient der Bauindustrie als Zuschlagstoff für Beton und wird in den größeren Städten an der Saône flussabwärts benötigt und verarbeitet.
Wir passierten die Mündung der Seille bei La Truchère, einem kleinen befahrbaren Nebenfluss der Saône, deren einzig zu befahrene Arm des dreigeteilten Deltas etwas versteckt an Backbord lag. Wenig später lag an Steuerbord ein kleiner Anleger, der sich Port de Farges nannte und eher für ein kleineres Boot ausgelegt war.
Hier hatten wir uns zwei Jahre zuvor mit unseren Schweizer Bootsfreunden der *LA TOULINE* zufällig auf dem Wasser getroffen und spontan einen Stopp zum „Verzällen" eingelegt.
Unterhalb von La Truchère gab es auf den folgenden Kilometern ein paar Auwälder, die meistens waren trockengefallen, aber es gab auch einige Feuchtwälder und Biotope zu sehen.
Wir tuckerten gemütlich die Landschaft und das Wetter genießend und fast alleine auf dem Wasser unterwegs unserem Tagesziel entgegen, das uns nach fünfzehn Kilometern erwarten würde.
An Backbord kam die Einmündung vom Canal de Pont-de-Vaux in Sicht, die unmittelbar hinter einer Strassenbrücke gelegen lag und leicht übersehen wird, wenn man von Norden kommend das Schild

an der Brücke oder die Lage auf der Karte im Flussführer nicht beachtet.
Pont-de-Vaux selber soll ein sehr schöner Ort sein mit einem sehr tollen Markt, wir waren bisher leider noch nie dort, das wird mit Sicherheit irgendwann einmal nachgeholt.

Noch vierzehn Kilometer.

Die Saône schlängelte sich auf dem weiteren Verlauf durch ein Gebiet von Untiefen und Sandbänken, darauf folgte ein längeres Stück mit geradem Verlauf und am Horizont verschwand der Fluss nach links aus dem Blickfeld.
Wenig später fuhren wir in diese Flussbiegung ein und vor uns tauchte die Ile St-Jean auf, eine kleine Insel kurz vor Mâcon, in deren Bäumen auch in diesem Jahr wieder zahlreiche Storchennester zu sehen waren, viele davon auch mit Jungvögeln besetzt. Das war ein sehr schönes Bild, das bei uns in der Region leider immer seltener wird.
Unterhalb der Insel kam uns von unten ein Frachter entgegen, die *EVASION*, die auf dem Weg nach Chalon war, und uns in ausreichendem Abstand passierte. Die Insel wurde umrundet und dann hieß es Fahrt herausnehmen, um die Einfahrt in den neuen Hafen von Mâcon zu erwischen.
Wir hatten uns für den Hafen anstatt für den Stadtanleger entschieden, da wir hier für die Versorgung unserer Kühlgeräte Strom bekamen und nach über acht Stunden Fahrt und einer zurückgelegten Strecke von fünfundachtzig Kilometern war es langsam an der Zeit die Bordaggregate zu entlasten.
In Schleichfahrt ging es runter vom Fluss und rein in die Hafeneinfahrt und in den Hafen, der für uns durch eine Biegung noch nicht einsehbar war. Am linken Ufer tauchten die ersten Anleger auf, die der Größe nach für kleinere Boote ausgelegt waren. Kein Mensch war zu sehen, keine Hinweistafel oder Beschilderung half uns weiter, waren wir hier richtig?

Es sah hier im ersten Moment alles nicht so einladend aus und der Karte nach war das eigentliche Hafenbecken weiter innen, also langsam Fahrt voraus und weiter ging es die Einfahrt hinein.
Wir kamen um die leichte Biegung und vor uns lag die riesige Hafenanlage. Auf der linken Seite waren mehrere Stege für Visiteurs, also Besucher, gekennzeichnet und wir entschieden uns für einen Platz auf der Innenseite vom Ponton. In langsamer Fahrt ging es um den Ponton herum und die *INGRINE* wurde vor einer freien Box aufgestoppt und ausgerichtet und behutsam ging es rückwärts zwischen dem Steg und einem weiteren Boot hinein.
Hier hatten wir einen guten Platz neben netten Nachbarn aus der Schweiz auf ihrer *OLIMAR* gefunden.
Wie sich dann später im Gespräch herausstellte waren sie auf dem Weg runter in den Süden und wollten auf einer Zwischenetappe auch in Lyon Halt machen.
Unser erster Weg führte uns nach unserer Ankunft hoch in das Hafenbüro zum Einklarieren. Das wurde auch Zeit, denn das Büro war nicht mehr lange geöffnet, es war kurz vor Feierabend.
Achtzehn Euro Fünfzig wechselten den Besitzer. Ein stolzer Preis, aber dafür hatten wir Zugang zu Dusche, Waschmaschine und Trockner oben im Hafengebäude, freies WiFi und die Hafenanlage war durch Tore abgeschottet und somit für fremde Personen nicht zugänglich.
Auf dem Weg zurück vom Büro runter zu unserer *INGRINE* entdeckten wir ein uns bekanntes Boot an einem anderen Steg, die *MOLLY*. Sie war auch ein ehemaliges Mietboot von LeBoat vom Typ Tamaris, fährt unter dänischer Flagge und war früher auch im Hafen von Savoyeux beheimatet. Beim Vorbeigehen war niemand oben an Bord zu sehen, sonst hätten wir die Crew mit Sicherheit begrüßt.
Zurück bei uns an Bord ging es oben in die Liegestühle zum Relaxen und kurz darauf kam die lebenswichtige Frage auf:

Was gibt es heute zum Abendessen?

Oben an Deck sitzend konnten wir die Wärme der Sonne richtig gut genießen, da sie bereits Richtung Horizont rutschte und nicht mehr so gnadenlos brannte wie tagsüber.
Während zweier Gläser Rosé entwickelte sich ein Gespräch von Boot zu Boot mit unseren Schweizer Nachbarn. Wenig später kam noch ein Motorsegler, ein Franzose, in den Hafen gefahren und nahm seinen Platz auf der anderen Seite neben unserem Boot ein. Es wurden ein paar Worte gewechselt, das übliche woher und wohin, an dem auch die Schweizer sehr interessiert waren. Er kam aus Südfrankreich aus Valence und war Rhone und Saône hochgefahren und wollte den Norden einmal erkunden. Es wurden noch ein paar Tipps über Liegeplätze und Etappen ausgetauscht, jeder ist für solche Informationen dankbar, auch wenn man noch so gute Karten hat oder sonst wie vorbereitet hatte.
Heute auf der Fahrt nach Mâcon viel die Mittagspause aus und so meldete sich langsam das eine oder andere Hungergefühl, es wurde Zeit um den Grill anzuwerfen.
Es gab dann noch einen Salat und frisches Brot dazu.
Nach dem Essen wurden die Füße hochgelegt und der Sonnenuntergang genossen. Später tauchte am Himmel ein schöner tiefhängender Mond auf, man hatte das Gefühl, man könne nach ihm greifen.
Die Geländer der gesamten Steganlage im Hafen waren mit blauen Lampen beleuchtet, ähnlich wie wir es im Jahr zuvor am Stadtsteg gesehen hatten. Die ganze Beleuchtung tauchte die Pontons in eine angenehme Atmosphäre, es war einfach nur wunderschön anzusehen.
Passend dazu hatten wir hier unsere erste laue Sommernacht auf dieser Reise und die Heizung würde diese Nacht wohl nicht benötigt.
Es gab noch viel zu erzählen und wir gingen erst weit nach Mitternacht nach unten und in die Kojen.

Auf unbekannten Gewässern

Am nächsten Morgen waren wir trotz der späten Nachtruhe wieder früh auf den Beinen. Dem ersten Eindruck nach würde es heute erneut ein heißer Tag werden und wir hatten nichts dagegen. Unsere Schweizer Nachbarn machten sich bereits kurz nach acht Uhr auf den Weg, vielleicht sieht man sich ja mal irgendwo irgendwann wieder, wer kann das wissen?
Der ganze Hafen lag ruhig da und wir hatten unseren Kaffee oben an Deck im Liegestuhl getrunken.
Helga brachte den Token für die Hafentüren hoch zur Capitainerie und gab ihn dort ab. Dabei traf sie den dänischen Skipper, der sich auch an uns erinnern konnte. Sie hatten mit ihrer *MOLLY* zum Hafen von Pont-de Vaux gewechselt und wollten auch Richtung Lyon, aber wieweit wussten sie noch nicht, je nachdem wie es sich ergeben würde.
Die *INGRINE* wurde von mir in der Zwischenzeit von mir Abfahrtbereit gemacht. Der Motor wurde angelassen, das Navigationsprogramm auf dem Laptop gestartet und die Route eingegeben. Anschließend wurde noch der Gefrierschrank auf das Bordnetz umgeschaltet. Helga kam zurück an Bord und es konnte endlich losgehen.
Pünktlich um neun Uhr verließen wir den Ponton im Hafen von Mâcon und damit eine Stunde nach der *OLIMAR*, die uns somit weit voraus war.
In Langsamfahrt umrundeten wir die Steganlage und nahmen Kurs auf die Ausfahrt aus dem Hafen. Wir erreichten das Fahrwasser und ich drehte die *INGRINE* wieder auf Südkurs. Entlang der Regatta-

bahn vom Kanuklub näherten wir uns der Innenstadt. Der Hafen war zwar sehr schön, aber leider weit außerhalb der Stadt gelegen. Hinter uns erschien ein größeres Schiff auf dem AIS, es war derzeit noch von der Insel St.-Jean verdeckt. Kurz darauf kam es hinter der Insel zum Vorschein, es war ein Küstenmotorschiff, das da um die Flussinsel gefahren kam.

Mâcon hat eine bewegte Vergangenheit und die geschichtlichen Spuren der zweitausend Jahre alten Stadt reichen weit zurück. Dazu gehört auch die Brücke St.Laurent aus dem elften Jahrhundert auf der Höhe des Stadtzentrums.

Und die war ein Problem beim Ausbau der Saône für die Großschifffahrt, da ihre Brückenbögen zu niedrig waren. Es gab daher nur zwei Möglichkeiten, entweder der Abriss oder der Bau einer Umgehungsstrecke, und so verfügt Mâcon über eine Umleitung für größere Schiffe.

Diese zweigt einen Kilometer nach der Hafenausfahrt gegenüber ab und für uns ging unsere Fahrt geradeaus in Richtung zur alter Brücke weiter. Die Anfahrt auf die Brücke führt an einer längeren Untiefe entlang und die Fahrrinne ist nicht sehr breit ausgeschildert, hier sollte man sich an die Betonnung halten, wenn man keine böse Überraschung erleben möchte.

Die Berufsschiffe müssen hier in den Umgehungskanal einfahren, da die alte Brücke im Zentrum von Mâcon zu niedrig für sie ist, so auch das Küstenmotorschiff hinter uns, auf das ich nun nicht mehr zu achten brauchte, ob es mir denn von hinten zu nahe auffuhr.

Entlang der alten Ufermauern an Steuerbord, der eigentlichen Stadtseite, wurden in den vergangenen Jahren außen Stege als Fußgängerwege angebracht, so können die Passanten auf halber Höhe am Fluss entlanggehen und brauchen nicht oben neben der verkehrsreichen Straße entlanglaufen.

Eigentlich eine gute Idee, nur fehlt hier etwas Blumenschmuck entlang der Geländer, um die Optik zu verbessern.

Ich habe dem derzeitigen Maire von Mâcon, Mr. Jean- Patrick Courtois, bereits geschrieben.

Nach der Brückendurchfahrt kamen wir an dem zentral gelegenen Stadtanleger vorbei, an dem wir vor zwei Jahren hier im Herzen von Mâcon gelegen hatten und an dem erstaunlicherweise alle Plätze frei waren.
Unterhalb war ein Anleger für die großen Hotelschiffe, dort lag die *SCENIC EMERALD*, ein riesiges Hotelschiff, und wartete auf die Weiterfahrt.
Obwohl die Umfahrung für die Berufsschiffe um St.Laurent eine längere Strecke war als die Passage durch die Stadt hatte uns das Küstenmotorschiff beim Erreichen der Einmündung der Umleitung in die Saône bereits eingeholt. Zweihundert Meter vielleicht, weiter hinter uns war das Schiff, die *ANDRE-MICHEL*, nicht mehr.
Mein Problem: es folgten im dichten Abstand zwei Brücken mit engem Fahrwasser und mit solch einem Pott wollte ich nicht gemeinsam durch einen Brückenbogen fahren, das war mir einfach zu eng.
Die erste Brücke konnte ich noch sicher durchfahren, da die *ANDRE-MICHEL* durch das Einkurven in die Saône etwas langsamer geworden war, an der zweiten Brücke aber, über der die Autobahn A 406 über die Saône geleitet wird, hätte sie mich eingeholt. Wir waren auf der Höhe zur Einfahrt des Handelshafens von Mâcon, ein idealer Platz wegen dem sehr breiten Fahrwasser, um das Schiff passieren zu lassen. Ich nahm die Fahrt heraus und ging deutlich an die Seite um der *ANDRE-MICHEL* Platz zu machen, die dann auch an uns vorbeizog.
Zur Belohnung für mein Entgegenkommen ist das Küstenmotorschiff zwar sehr nah aber sehr sanft an uns vorbeigefahren und hat auch erst wesentlich später wieder die Fahrt aufgenommen und Beschleunigt.
Ein Hotelschiff wäre da nach dem Motto „Platz da, ich komme" gnadenlos durchgerauscht, die sind rücksichtsloser und achten absolut nicht darauf, ob man durchgeschaukelt wird oder nicht.

„Time is monkey" oder so ähnlich, wie der Brite sagt.

Bei der Durchfahrt der nächsten kommenden Eisenbahnbrücke drehte der Frachter auch schon in die dahinterliegende Flussbiegung ein, das hätte mir dort bei einer gemeinsamen Durchfahrt sehr viel Platz genommen.
Es war schon eine gute Entscheidung gewesen dem großen Schiff Platz zu machen und hatte mit Angst oder so absolut nichts zu tun, sondern einzig mit Respekt dem Großen gegenüber.
Als wir nach zwei Kilometern den ersten Flussbogen hinter uns hatten war die *ANDRE-MICHEL* bereits weit entfernt vor uns voraus zu sehen und verschwand auf Grund ihres höheren Tempos bald aus unserer Sicht.
Der Fluss gehörte wieder uns und es wurde wieder ruhiger um uns, es waren keine weiteren Schiffe zu sehen. Hier, südlich von Mâcon, veränderte sich der Baustil deutlich mehr und mehr ins Mediterrane, obwohl wir doch noch weit davon entfernt waren. Die Hausdächer wurden sichtbar flacher und flacher und auch die Landschaft schien sich zu verändern.
Und immer wieder konnte man auf den höheren Bäumen am Uferbereich Storchennester mit Jungvögeln sehen.
Die Saône bekam hier in der Region eine Menge kleinere Zuläufe von rechts und von links und wurde merklich breiter, die Strömung selber nahm aber nicht zu, wir fuhren mit gleichbleibender Geschwindigkeit dem Süden entgegen.
Auffallend war auch, dass der Fluss hier weniger Windungen machte. Man konnte über viele Kilometer weite Strecken vor und hinter der *INGRINE* einsehen und war so vor Überraschungen durch andere Schiffe sicher.
Mit Hilfe meines Navigationsprogrammes legte ich das Schiff in das ideale Fahrwasser und brauchte kaum noch mit dem Ruder zu korrigieren, die *INGRINE* lief auch von alleine in die seichten Bögen des Flusses und folgte diesen, das erlaubte mir auch, einmal zwischendurch nach draußen an Deck zu gehen und die Sonne zu genießen. Dennoch hatte ich immer ein Auge auf dem Wasser, um nicht durch Irgendetwas böse überrascht zu werden.

Während der Fahrt nutzte ich die Zeit auch dazu, mir in der Karte mögliche gute oder schlechte Stellen für einen Halt zu markieren, die ich dann auf unserer Rückfahrt oder zu einem späteren Zeitpunkt einmal für meine Entscheidungen für einen Stopp verwenden wollte.

Vor unserer Einfahrt in die Engstelle bei der Ile de Chanillons kam uns heute das erste größeres Hotelschiff, die *EXCELLENT RHÔNE*, entgegen. Zu unserem Vorteil fuhr das Schiff noch langsam aus dem Nadelöhr heraus um durch die folgende Biegung zu gelangen und nahm erst danach wieder Fahrt auf. Das ersparte uns das ungemütliche Rumgeschaukel bei der Begegnung mit dem großen roten Ungetüm.

Die Frachtschiffe, denen wir sonst begegneten, fuhren wesentlich humaner an uns vorbei, anders war es immer bei den Hotelschiffen, in deren Bugwelle man ordentlich zu tun hatte, um nicht alle Tassen wieder in die Schränke räumen zu müssen.

Ebenso wurde man von den Beruflern fast immer gegrüßt oder unsere Grüße wurden erwidert, was einem bei der weißen Flotte seltener passierte, das hatten wir uns bei diesen Schiffen auch bereits abgewöhnt.

Genau eineinhalb Stunden nach unserer Abfahrt aus Mâcon erreichten wir die Schleuse von Dracé. Über Funk konnte ich im Vorfeld mitbekommen, das ein kleineres Hotelschiff in der Schleuse war und zu Berg geschleust wurde. Das Küstenmotorschiff, die uns nach unserer Abfahrt zuvor überholende *ANDRE-MICHEL*, lag im Oberwasser der Schleuse und wartete auf die Talschleusung, und dahinter lag die *OLIMAR* mit den Schweizern an Bord, die eine gute Stunde vor uns am Morgen aus Mâcon losgefahren waren. Bei unserer Ankunft an der Schleuse verließ das Hotelschiff gerade die Kammer, als wir uns in die Reihe der wartenden Schiffe einsortierten. Über Funk kam in diesem Moment die Erlösung für die wartende *OLIMAR*, sie durfte nach der *ANDRE-MICHEL* in die Schleuse einfahren, und danach folgten wir.

Und wieder gab es ein Novum für uns, war es doch das erste Mal, das wir zusammen mit einem größeren Schiff geschleust wurden und ich hatte da einen gewissen Respekt vor.
Die Schweizer, vor uns in die Kammer eingefahren, legten ihr Schiff an Steuerbord in einem ausreichenden Abstand zum Frachter an die Kammerwand und ich legte die *INGRINE* etwas versetzt dahinter an den gegenüberliegenden Wandpoller. Helga wurde instruiert, im Notfall Tau und Schiff sausen zu lassen als sich übermütig wie sonst an den Poller zu werfen. Wir wechselten die Position und ich übernahm die Bugleine, um so den besseren Überblick auf den Frachter und die Situation vor uns zu haben.
Alle Sicherheitsmaßnahmen waren in diesem Fall total unbegründet, die Schleusung verlief ganz ruhig und sachte ab. Die Schleusung hatte ich mir, wie in anderen Erzählungen und Berichten erwähnt, wesentlich heftiger vorgestellt. Aber den Ablauf hier durfte man nicht als Präzedenzfall für alle Schleusungen so nehmen, besonders beim Bergschleusen mit dem einschießenden Wasser in die Kammer kann das ganz anders aussehen.
Wir warteten mit der *OLIMAR* zusammen das Auslaufen des Frachters aus der Schleuse ab, erst danach machten wir uns abfahrbereit. Die *OLIMAR* lief zuerst aus der Kammer aus, danach folgten wir.
Ich bedankte mich über Funk beim Schleusenkommando und wünschte noch einen schönen Tag, so wie ich es in der Regel immer tat. Im Schleusenvorhafen lag ein Boot am Warteponton, als wir unten herauskamen. Der Frachter war schon ein gutes Stück vorausgefahren und die *OLIMAR* bog auf den Fluss zurück, als wir den Warteponton passierten.
Unterhalb der alten Schleusenanlage von Dracé war bei Kilometerpunkt neunundfünfzig ein kleiner neuer Haltepunkt angelegt worden und wir machten dort Stopp und legten eine Mittagspause ein. Es war bereits fast zwölf Uhr, Midi, wie die Franzosen sagen.
Die Sonne brannte ganz gut vom Himmel herunter und so war uns diese Pause hier sehr willkommen.

Wir bereiteten uns eine Kleinigkeit zum Essen vor und dann ging es unter den Schatten unseres Biminis. Hier hatten wir eine weite und tolle Aussicht auf die Saône talwärts, die in gefühlten zehn Kilometern nach links um die Ecke verschwand und nach oben war die Schleuse nicht sichtbar, sie war durch eine Flusskurve verdeckt. Während unserer Pause hier vor Ort kam ab und zu ein Boot vorbei, aber kein größeres Schiff und es herrschte im allgemeinen wenig Verkehr.

Nach einer halben Stunde kam von oben die *MOLLY* vorbei, unser ehemalige Hafennachbar, den wir in Mâcon gestern wiedergetroffen hatten. Man begegnet sich halt immer wieder.

Für die Weiterfahrt nach der Mittagspause kramte ich meinen Zettel hervor, auf dem ich die möglichen Haltepunkte oder Häfen für das Übernachten rausgesucht hatte. Mit der Karte wurde noch einmal für und wider eines frühen Haltens besprochen, aber ein Stück wollten wir noch fahren, somit blieb auch eine akzeptable Entfernung für die letzte Etappe am nächsten Tag bis nach Lyon über.

Es machte irgendwo Pling von einer Kirchturmuhr, dreizehn Uhr, die Mittagspause war vorbei.

Der Motor der *INGRINE* wurde gestartet und alles andere an Bord Abfahrtbereit gemacht. Die Festmacher wurden gelöst und eingeholt und von der Strömung ließ ich das Boto vom Ufer und vom Ponton in den Fluss treiben. Nach zwei drei Metern Abstand vom Ufer bekam ich bereits wieder über zwei Meter Wassertiefe angezeigt. Das war ausreichend für uns und so konnte ich das Boot ins Fahrwasser zurücklenken und nahmen dort wieder Fahrt auf. Nach wenigen Minuten Fahrt waren wir wieder im Geschehen, so als ob wir nicht angehalten hätten.

Eine halbe Stunde später passierten wir den ersten möglichen Anleger als Übernachtungsplatz, den ich auf meiner Liste herausgesucht hatte und der zu der Stadt Belleville gehörte. Aber aus welchem Grunde auch immer war der Ponton gesperrt, dort war ein übergroßes Schild „Anlegen verboten" aufgestellt worden.

Von der Stadt selber konnte man außer einer Sandverladestelle überhaupt nichts sehen, sie lag hinter den Bäumen und dem Uferdamm und war von der Saône zusätzlich durch eine Autobahn getrennt, die hier parallel zum Fluss Richtung Süden verläuft.

Belleville?

Woher dieser Name wohl kommt war für uns bei diesem Anblick unklar, von dieser Aussicht abgeleitet war er sicher nicht.
Also wurde der Name auf meiner Liste möglicher Haltepunkte gestrichen und unsere Weiterfahrt wurde fortgesetzt.
Es kommen ja noch einige weitere Möglichkeiten und es war noch früh am Tage, zur Not konnten wir noch zwei bis drei Stunden ohne Hetze fahren, danach würde es dann aber langsam Zeit, sich ein sicheres Nachtquartier für unser Schiffchen zu suchen.
Sicherlich wird es in der Stadt Belleville einige schönen Stellen geben und möglicherweise hätte es uns dort auch gefallen, aber so viel Gastfreundlichkeit hatten wir noch an keinem Anleger erlebt.

Wer nicht will, der hat schon.

Oder so ähnlich.

Der Hafen von Verdun sur le Doubs

Chalon - sur - Saône , le Pont de Bourgogne

Der Stadtanleger von Mâcon

Mit der *ANDRE-MICHEL* und der *OLIMAR* in der Schleuse von Dracé

Unsere Fahrt hinter Belleville führte uns kurz darauf entlang einer langgezogenen Insel vorbei, die als Biotop belassen worden war. Am gegenüberliegenden Ufer bekam man langsam den genau gegenteiligen Eindruck, erst vereinzelt, dann immer mehr Garten- und Parklandschaften kamen zum Vorschein, selbst der Uferstreifen machte einen sehr gepflegten Eindruck.

Eine sanfte Flussbiegung führte uns langsam an den Ort heran, zuerst ein paar einzelne Häuser, die zwischen Bäumen und Büschen sichtbar wurden, dann konnte man den ersten Kirchturm oben auf einem Hügel erblicken. Unten an der Uferpromenade reihten sich dann die ersten Wohnhäuser aneinander, aber immer noch im lockeren Verbund, mehr Grünanlage als Stadt.

Am Ende des Flussbogens erblickten wir dann eine imposante alte Hängebrücke, die sich von einem Stützpfeiler getragen, von Ufer zu Ufer spannte. Und unterhalb der Brücke wurde an Backbord ein Halteponton für Hausboote sichtbar.

Ich nahm die Fahrt etwas heraus um den Ort besser betrachten zu können, aber auch um ein paar Bilder aufzunehmen.

Wir passierten die Brücke und kamen somit zum Zentrum von Montmerle-sur-Saône, dass mit all dem bereits Gesehenen einen wesentlich einladenderen Eindruck machte.

Auch hier hinter der Brücke waren die Gärten und der Uferbereich sehr schön gepflegt und alles war wunderschön anzusehen.

Wir erreichten die Höhe des an Backbord liegenden Anlegers von Montmerle, an dem bereits zwei Boote lagen, die *MOLLY* und die *OLIMAR*, die hier bereits auf uns zu warten schienen.

Es war zwar erst halb drei am Nachmittag, aber dieser Platz und das bisher von Montmerle bei unserer Anfahrt gesehene gefiel uns sehr gut, also wollten wir uns dazugesellen.

Die *INGRINE* wurde verlangsamt und auf der Höhe des Pontons mit langsamer Fahrt eine Kehre eingeleitet. Die Saône hatte zwar nicht viel Zug, aber wegen der vorbeifahrenden größeren Schiffe wollte ich mit dem Bug gegen die Strömung richtig herum liegen.

Zwischen der *MOLLY* und der *OLIMAR* war eine ausreichend schöne große Lücke und diese wurde von mir zum Anlegen angepeilt. Helga stand wie immer bei solchen Manövern bei mir um sich die Informationen zu holen, was ich denn nun genau vorhatte, sprich welche Stelle von mir angesteuert wurde, um dann die Festmacher auf der richtigen Seite vorzubereiten.
Langsam wie ein Ausflugsdampfer näherten wir uns dem Steg, indem ich unser Schiffchen mit dem Restschwung unserer Fahrt und der Strömung herantreiben ließ. Unsere Festmacher wurden von der Crew der *OLIMAR* am Steg angenommen, somit hatte es Helga mal wieder einfach beim Anlegen.
Die Taue wurden ordnungsgemäß um die Klampen geführt und auf dem Boot belegt. Der Motor der *INGRINE* wurde abgestellt, Feierabend für heute, zumindest was das das Fahren angeht.
Nach dem Belegen der Klampen wechselten wir ein paar Worte mit den Schweizern, die wir nun somit zum dritten Mal trafen.
Zuerst als unsere Übernachtungsnachbarn in Mâcon am Abend zuvor, dann am Vormittag in der Schleuse von Dracé und nun wieder hier am gemeinsamen Übernachtungsplatz in Montmerle.
Wir stellten uns einander vor und so lernten wir Ralph und Anita aus St. Gallen kennen, die wie wir das gleiche Ziel Lyon hatten, wenn auch für sie nur als Zwischenstopp, da ihre große Fahrt weiter Richtung Süden nach Avignon und an die Rhônemündung gehen sollte.

Beneidenswert.

Wir waren ganz neidisch auf die Beiden.

Es wurde Zeit und wir kehrten an Bord zurück um die Stromversorgung zu legen. Der Gefrierschrank wurde auf den Landstrom umgeschaltet, Feierabend Teil II, auch wenn es gerade erst einmal nach vierzehn Uhr war.

Die Sonne meinte es immer noch gut mit uns und so wollten wir erst einmal die größte Hitze abwarten, bevor es in die Stadt ging um diese etwas zu erkunden, dazu war der spätere Nachmittag besser geeignet.

Also wurden die Getränke nach oben gestellt und dann ging es für uns beide hoch auf das Nildeck. Im Liegestuhl angekommen wurden die Füße hochgelegt, ein kühles Glas Rosé eingefüllt und wir begannen mit unserer aufregenden Nachmittagsbeschäftigung, dem Schiffe zählen, die hier auf der Saône direkt an unserem Liegeplatz vorbeirauschten.

Mal kam ein Frachter zu Tal, mal ein Hotelschiff zu Berg, und wenn es ganz dicke kam kreuzte ein Frachter ein Hotelschiff, und alles direkt vor unserer Nase.

Es war schon beeindruckend, wieviel Schiffsverkehr es hier auf dem Wasser gab, das war deutlich mehr als oberhalb von Chalon-sur-Saône, dafür waren hier kaum noch Mietboote unterwegs.

Am Nachmittag traf noch ein weiteres Boot auf Bergfahrt bei uns ein, das aber auf Grund des Aussehens keinen besonders zutraulichen Eindruck machte, und legte sich vor die *OLIMAR* an den Steg.

Die aus zwei Männern bestehende Besatzung verschwand unmittelbar darauf mit einigen Tragetaschen an Land und kehrte nach einigen Minuten zurück auf das Boot und verschwand im Innern des selbigen. Dieses Spiel wiederholte sich ein paar Mal, bevor die Beiden dann nicht mehr zurückkehrten.

Wir wendeten uns wieder unserer vorherigen Tätigkeit zu und kontrollierten auch gewissentlich die optimale Trinktemperatur unserer Kaltgetränke.

Wenig später rauschte ein Frachter in voller Fahrt so dicht am Anleger vorbei, dass wir ordentlich durchgeschaukelt wurden und der nur mäßig festgemachte Seelenverkäufer sich dabei losriss, ein Tau war glatt durchtrennt worden.

Wir standen oben an Deck und schauten dem Geschehen zu, ebenso wie Ralph und Anita, die das Schauspiel ebenfalls mitbekommen hatten.
Da die Crew von dem Kahn irgendwo an Land unterwegs war machte ich mich daran das Boot wieder zu sichern, Ralph kam dazu und half mir dabei. Das bei dem Losreißen des Bootes ebenfalls durchtrennte Stromkabel zog ich an Land aus der Steckdose und legte es allerdings nur an Bord, das wollte ich nicht auch noch flicken.
Ralph und ich wechselten noch ein paar Worte über den rücksichtlosen Frachterkapitän, dann ging es zurück an Bord.
Am späten Nachmittag kam ein Auto der Gemeindepolizei vorgefahren und hielt oben vor dem Ausgang der Steganlage. Ein Gemeindepolizist stieg aus dem Wagen aus und kam den Steg heruntergeschlendert und an die Boote, um den Liegeplatz für die Nacht abzurechnen. Der pauschale Preis für ein Boot inklusive Strom und Wasser betrug zehn Euro, ein angemessener Preis, den ich gerne zahlte.
Die Sonne war in der Zwischenzeit deutlich angenehmer geworden, der perfekte Zeitpunkt um noch eine kleine Runde durch das Örtchen zu wagen, bevor das Abendessen das allabendliche Bordleben einläuten würde.
So ging es dann nach unten und dort wurde sich für den Landgang hergerichtet.
Meine lässige Bordkleidung wich einer Jeans und einem Hemd und die bis dato unbekleideten Füße wurden in Socken und Schuhe verstaut, so konnte man sich wieder unter die Menschheit trauen und an Land wagen, ohne aus dem Dorf gejagt zu werden. Meine Bordfrau hatte sich ebenfalls verkleidet und es konnte losgehen.
Die *INGRINE* wurde verschlossen und wir machten uns auf zur Brücke, um vom Steg hoch an Land zu gelangen.
Ralph und Anita kamen uns aus der anderen Richtung von der *OLIMAR* entgegen. Sie hatten zur selben Zeit wie wir dieselbe Idee gehabt und so machten wir uns gemeinsam auf, die große weite

Welt zu erobern, aber zumindest den bisher als sehr schön eingestuften Ort zu erkunden.

Gegenüber von unserem Anleger zweigte eine kleine Straße von der Uferallee ab in den Ort, an dem nach wenigen Metern ein kleiner Lebensmittelladen gelegen war. Wir folgten dieser Straße weiter nach links und kamen in das kleine beschauliche Zentrum von Montmerle.

Die kleinen Geschäfte entlang der Straßen hatten keine sehr umfangreichen Auslagen in den Schaufenstern liegen, dafür waren hier aber noch viele der kleinen Händler präsent, nicht wie in Saint Jean de Losne, wo leider schon viele Geschäftsleute aufgegeben haben. Wir erreichten eine kleine Straßenkreuzung, wohl dem ehemaligen Mittelpunkt des Ortes.

Übergroße bunte Blumentöpfe, bepflanzt mit Rhododendron, säumten einen kleinen Platz unterhalb der Kirche zu unserer Rechten. Wir folgten aber dem Straßenverlauf weiter nach links zur Gemeindeverwaltung und einem kleinen Platz vor dem Gebäude. Hier trennten sich vorerst unsere Wege. Ralph und Anita bogen nach links in eine Straße ein, um zum Boot zurückzukehren, während wir noch etwas weiter spazieren gehen wollten.

Wir gingen noch ein Stück weiter nach rechts durch eine Seitengasse und kamen an die Straße, die runter zum Fluss und in Richtung der Brücke führte.

An einer Hauswand entdeckte ich neben einer Toreinfahrt in zwei Metern Höhe eine Tafel mit einer Hochwassermarke von Achtzehnhundertvierzig.

Einen Hinweis über gewaltige Hochwasserstände der Saône in der Vergangenheit hatten wir bereits im Jahr zuvor in Mâcon entdeckt, dort stand an einer Informationssäule am Ufer ein Hochwasserstand von acht Metern, der ebenfalls aus dem Jahr achtzehnhundertvierzig stammte.

Damals standen dort in Mâcon große Teile der Altstadt meterhoch unter Wasser, und zu dieser Zeit gab es noch keine elektrischen Pumpen, um den Fluten Herr zu werden.

Wir folgten der Straße weiter runter Richtung Saône und kamen an einem gutbesuchten Restaurant vorbei. Den Fahrzeugmarken und deren Herkünften nach zu urteilen, die auf dem Parkplatz davor standen, war das Haus etwas für das gehobene Niveau bei der Gehaltsabrechnung.
Wenig später standen wir vor der alten Hängebrücke, deren Zufahrt und Zugang abgesperrt war. Den Schildern nach zu urteilen war die Brücke zuerst im Gewicht auf vier Tonnen eingeschränkt worden, nunmehr war sie für den Verkehr komplett gesperrt.
Eigentlich schade, da so eine Hängebrücke immer besser aussieht als diese monotonen Betonflussüberquerer, und so baufällig sah die Brücke eigentlich nicht aus.
Aber wer weiß, wie es um die Statik gestellt war?
Wir schauten uns die Brücke eine Weile an und betrachteten das Panorama vom gegenüberliegenden Ufer, um dann unseren Spaziergang fortzusetzen.
Von hier ging es oben am Ufer parallel zur Saône entlang einer Platanenallee, die uns zurück zu unserem Haltepunkt führte. Die an der anderen Straßenseite gelegenen Häuser waren alle sehr schön hergerichtet und die davor gelegenen Gärten waren einer schöner als der andere.
Sehr aufwendig hergerichtet und damit sehr auffallend war eine Einfahrt zu einem Grundstück, die mit Kieselsteinen belegt war. Also nicht einfach Kies auf den Weg hingeschüttet, sondern Stein für Stein wie in einer Mauer fest verlegt. Das muss einmal eine Heidenarbeit gewesen sein die Steine so zu verlegen.
Ein kleiner Brunnen ein paar Meter weiter war mit einem alten Holzruderboot versehen, aus dem einst das Wasser wohl in das Becken sprudelte, leider war das Wasser abgestellt.
Nun waren wir oben an der Landungsbrücke angekommen und damit war unser Rundgang für heute beendet. Wir warfen noch einen letzten Blick auf den Anleger mit den drei Booten daran, die *OLIMAR*, die *MOLLY* und in der Mitte lag die *INGRINE*, ein

schönes Bild, das auch noch mit dem Fotoapparat festgehalten wurde, bevor es runter auf den Steg und zurück an Bord ging.
Das andere Boot, das sich vorhin losgerissen hatte, lag nicht mehr am Steg dabei, es war in der Zwischenzeit wohl weitergefahren. Es wurde von uns auch nicht vermisst, da von dem Boot ein ständiger unangenehmer Geruch ausging und im Wasser ein leichter Ölschimmer sichtbar gewesen war.

In der Nacht passierten uns gefühlte drei oder vier Schiffe, ab und zu wurde man wach davon, weniger vom Lärm, sondern weil man spürte, da war etwas. Insgesamt war es ruhiger mit dem Verkehr als am Nachmittag zuvor oder man war zu müde und bekam es nicht mehr mit.
Um Viertel nach sechs war dann für mich die Nacht zu Ende und ich stand auf. Ich begab mich in den Salon, um die Kaffeemaschine zu starten, damit meine Bordfrau nichts zu bemerken hätte. Die Maschine fing an zu blubbern und ich schnappte mir mein Manuskript um etwas an meinem Buch weiter zu schreiben.
Es war schon länger hell draußen und es würde allen Anschein nach wieder ein Tag mit Supersonnenurlaubswetter werden.
Heute wollten wir den Rest der Strecke nach Lyon bewältigen und heute am Nachmittag wollten wir die Stadt erreichen. Eine Strecke von einundfünfzig Kilometer lag noch vor uns, das entsprach gut fünf Stunden Fahrt und sollte eigentlich gut zu schaffen sein.
Nachdem ich zwanzig Minuten im Salon am Schreiben war, die Kaffeemaschine war gerade durchgelaufen, kam bereits der erste Frachter angefahren.
Nach dem Frühstück wurde der Wasserschlauch ausgerollt und der Wassertank aufgefüllt. Dabei kamen wir erneut mit Ralph und Anita ins Gespräch, die Ihren Vorrat soeben vor uns ergänzt hatten.
Sie hatten für heute dasselbe Tagesziel wie wir und wir verabredeten uns zu einer gemeinsamen Weiterfahrt bis nach Lyon.

An Bord der *MOLLY* war noch alles ruhig, als die Motoren unserer beiden Schiffe angeworfen wurden und wir unsere Abfahrt vorbereiteten.
Die Stromleitungen wurden eingeholt und die Taue gelöst, der Gefrierschrank auf das Bordsystem umgeschaltet und danach erfolgte das Ablegen. Ralph fuhr mit der *OLIMAR* vor und wir folgten in einem kurzen Abstand von hundert Metern nach. Ralph fuhr mit seinem Schiff genau wie wir an den Vortagen um die zehn Stundenkilometer zu Tal, das Tempo konnte ich leicht mithalten und war bei eintausendachthundert Umdrehungen gut zu fahren, so brauchte ich die *INGRINE* nicht mit Vollgas zu quälen.
Die Gärten an den Uferbereichen waren üppig bewachsen und man konnte vereinzelt die ersten Pinien erblicken. Neben dem veränderten Baustil ein weiteres Zeichen für den näherkommenden Süden von Frankreich, von hier waren es noch etwas mehr als dreihundert Kilometer Luftlinie bis zum Mittelmeer.
Immer und immer wieder gab es an der befahrenen Strecke die kleinen Baggerseen, aus denen Sand für die Betonwerke und die Baustoffindustrie gewonnen wurde.
Gegen halb zehn kam Villefranche-sur-Saône in Sicht, einer der ersten richtig größeren Vororte von Lyon. Nach der Passage der Stadt lagen unterhalb des Zentrums zahlreiche ausgedehnte Grünanlagen und einige Ausflugslokale an der Saône, alles sah sehr schön hergerichtet und gepflegt aus.
Auf den Tischen der Außenterrassen der Lokale liefen bereits die Vorbereitungen für das Mittagsessen, alles wurde vorbereitet und eingedeckt, aber für uns ging es in unserer Richtung unserem Ziel entgegen weiter.
Hinter Villefranche querte die Pont Saint Bernard beim gleichnamigen Ort Saint Bernard den Fluss und war einiges imposanter als die kleinen alten Hängebrücken, die hier in der Gegend größtenteils den Fluss überspannten. Das Wasser der Saône lag spiegelglatt vor uns und es war eine wahre Freude hier zu fahren. Ich bemerkte in weiter Ferne einen Schubverband hinter uns, der aber nach einer Weile

irgendwo in einen der vielen Baggerseen verschwand, somit brauchte ich im Moment nicht weiter auf einen Überholer zu achten.
Der Abstand zu Ralph vergrößerte sich minimal, zu sehr war ich auch neben dem Fahren damit beschäftigt, geeignete Motive in der Digitalkamera zu verewigen. Aber darin sah ich kein Problem, spätestens an der Schleuse würde ich ihn wieder einholen.
Die Uhr zeigte halb elf an als wir Trévoux erreichten, der letzte Punkt auf meiner Liste mit den möglichen Übernachtungspunkten vom Vortag.
Die Stadt zeichnete sich ab als ein schöner Ort mit einem kleinen Anleger an einem Campingplatz, das Städtchen selber war etwas dahinter an einem Hang oberhalb der Saône gelegen und machte einen einladenden Eindruck und gefiel uns sehr. Auch hier spante sich eine wunderschöne Hängebrücke an zwei Pylonen gestützt über den Fluss.
Schade, dass wir heute daran vorbeifuhren. In meiner Karte kam der Vermerk „gut und schön" neben dem Anlegepunkt, es gab ja auch noch die Rückfahrt auf unserer Reise oder vielleicht gab es in der Zukunft zu einem anderen Zeitpunkt eine Gelegenheit.
Neuville-sur-Saône begrüßte uns nach einigen Kilometer weiter mit einigen sehr farbenprächtigen Häusern, so hatte jede Region ihr besonderes Markenzeichen. Heute war hier in dem Ort Markttag und entlang der Uferstraße waren duzende Marktstände aufgebaut worden. Auf dem Platz vor der Kirche wimmelte es nur so von Leuten.
Unter normalen Umständen hätten wir hier gestoppt, um den Markt zu besuchen, aber wir hatten ein anderes Ziel, das uns unaufhaltsam näherkam.
Hier ab Neuville-sur-Saône war in der Karte Ort an Ort dargestellt, keine weiten Grünstriche oder Wälder trennten die Städten voneinander, wir waren definitiv im Großraum Lyon angekommen.

Willkommen in Lyon

Eine halbe Stunde später war es dann endlich soweit, nach einem Flussbogen kam die Schleuse von Couzon kam vor uns in Sicht. Sie war die letzte Schleuse an der Saône und damit die letzte Schleuse vor der Rhône.
Ralph hatte sich in der letzten Stunde mit der OLIMAR etwas von uns abgesetzt. Er war uns fast einen Kilometer vorausgefahren und lag bereits im Wartebereich der Schleuse, als wir dort eintrafen. Wie auf Kommando ging das Schleusentor vor uns auf, die Ampel wurde auf Grün geschaltet und wir konnten zusammen in die Kammer einfahren.
Wie im Fluge erlebten wir den Schleusenvorgang. Nach einem kurzen Moment öffnete sich das Untertor für unsere Ausfahrt und gab uns den Weg frei für unsere letzten fünfzehn Kilometer. Als wir aus der Schleuse fuhren waren wir mehr oder weniger im Stadtgebiet von Lyon angekommen, wenn auch vorerst noch die letzten zwei oder drei Vororte keine so dichte Bebauung aufwiesen.
Nach der Schleuse an talwärts gab es noch zwei weitere Besonderheiten für uns auf unserer Fahrt. Ab hier war Funk auf Kanal achtzehn vorgeschrieben und bei erhöhtem Wasserstand erfolgte die Fahrt durch Lyon auf den letzten sieben Kilometern im unteren Bereich durch eine Ampelregelung im Einbahnverkehr. Mit der Ampelregelung brauchten wir heute nicht zu rechnen, da die Saône einen normalen Wasserstand führte, und da ich zwei Funkgeräte an Bord der INGRINE mitführte konnte ich den Kanal achtzehn auf dem einen Gerät einstellen und das zweite Gerät auf die Schleuse von Couzon schalten, um dann später auf den Kanal zehn für den normalen Schiff-zu-Schiff-Funk zum Mithören zu wechseln.
Das nächste Stück der Strecke entlang der Vororte ließ von der städtischen Bebauung noch nicht viel erblicken, genau wie zuvor oberhalb der Schleuse bestimmten viele Parkanlagen, Wälder und

Grünflächen unterbrochen das Bild, aus den Bäumen ragten nur einzelne Häuser heraus, die aber nur ein- oder zweigeschossig waren.
Oberhalb der Ile Roy gab es einen Fahrwasserwechsel, ab hier fuhren wir im Linksverkehr per Einbahnregelung um die Insel außen herum. Auf dieser Höhe bemerkte ich eine Gasflasche, die hier einsam im Wasser trieb.
Wer die wohl verloren hatte? Oder wie lange die schon in der Saône trieb und unterwegs war?
Auf der Ile Roy waren einige von Gärten umgebene schöne alte Häuser zu sehen, ein Teil sah aus wie eine alte Klosteranlage.
Nach der Umfahrung der Insel wechselten wir wieder auf die richtige Seite des Fahrwassers zurück und fuhren auf die Pont de Collonges zu.
Die Stadt Collonges-au-Mont-d´Or ist wohl vielen Gourmets auf der Welt bekannt, hier in unmittelbarer Nähe der Brücke betreibt Paul Bocuse sein hochgepriesenes Restaurant.
Der Ort war einer der letzten Vororte von Lyon, ab hier gehörte alles zur Stadt, somit waren wir definitiv im Stadtgebiet von Lyon angekommen und um es wie zu bestätigen tauchten im Hintergrund die ersten Hochhäuser auf den Hügeln auf, ein ungewohnter Anblick für uns nach den vielen Tagen auf dem Fluss.
Hinter dem Kilometerpunkt dreizehn musste Helga das Ruder übernehmen. Ich nahm mir das Telefon und wählte die Rufnummer vom Hafen, die ich mir im Vorfeld im Internet herausgesucht hatte, da der neue Hafen in unserer Karte noch nicht verzeichnet war, somit fehlte auch die Telefonnummernangabe in der Legende.
Die rausgesuchte Nummer war aber falsch, sie gehörte dem Informationsbüro des Stadtteilcenters von Confluence, dennoch konnte, man mir dort die richtige Nummer vom Hafenbüro nennen. Ein zweiter Versuch mit dem Handy war erfolgreicher und ich war mit der Capitainerie Port Confluence verbunden.

Ich gab unsere derzeitige Position und unsere voraussichtliche Ankunftszeit durch und ebenfalls die Länge und Breite der *INGRINE*, so konnte für uns ein passender Platz reserviert werden.
Ich gab auch an, dass wir mit zwei Booten unterwegs seien, ich aber die Maße der *OLIMAR* nicht genau wüsste, sie sei aber ähnlich groß wie wir.
Die Daten wurden vermerkt, wir seien willkommen und könnten kommen.
Helga war erleichtert, dass sie am Steuerrad wieder abgelöst wurde, von unten kam uns ein erstes größeres Ausflugsboot entgegengefahren.
Die ersten beiden dicht hintereinanderliegenden Brücken wurden unterquert und wir näherten uns der zweiten Flussinsel, der Ile de Barbe.
Ab hier ab gab es auf beiden Seiten entlang der Ufer Kais, an denen die ersten festen Wohnpenichen vor Anker lagen. Das Bild erinnerte mich an die Quais in Paris, an denen die Lastkähne in gleicher Weise vertäut lagen.
Ralph war in der Zwischenzeit merklich langsamer geworden, es gab ja auch rechts und links viel zu sehen. Das Fahrwasser war nicht mehr so breit wie vorher und die Saône war durch den kurvenreichen Verlauf nicht so weit einsehbar wie bisher, zusätzlich mussten wir auf entgegenkommende Frachter oder Hotelschiffe achten, da war es besser langsamer zu fahren als nachher stark aufstoppen zu müssen.
Vor uns erschien die neue Brücke Croix Rouge, ab hier gab es die nächste Sonderregelung in Lyon, bei erhöhtem Wasserstand wird eine Ampelregelung eingeschaltet und es gilt Einbahnverkehr.
Wenn man da festhängt, kann es schon einmal zwei bis drei Stunden dauern, bis die Fahrt weitergehen kann.
Uns blieb zum Glück die Warterei erspart, da wir bei unserem Besuch in Lyon einen normalen Wasserstand hatten. Der Uferbereich war immer noch dicht begrünt, wenn auch die Bäume einmal den Häusern in die zweite Reihe zurückwichen. Im Hintergrund ragten

auf den Hügeln zu beiden Seiten der Saône die ersten Hochhäuser empor.
Hinter der Pont George Clemenceau, benannt nach einem Ministerpräsidenten der Dritten Republik, gab uns nach der Passage einer leichten Flussbiegung die Uferbebauung den Blick frei auf ein Highlight vor uns, die Baselique Notre Dame de Fourvière. Links daneben stand der Tour metallique, der dem Eiffelturm in Paris nachempfunden ist und auch auf die Pläne von Gustav Eiffel zurückweist. Beide Sehenswürdigkeiten thronten uns gegenüber hoch oben auf dem Hügel und traumhaft anzusehen.
Jetzt waren wir definitiv im Zentrum von Lyon angekommen und es konnte bis zum neuen Hafen nicht mehr weit sein. Laut meinem Navigationsprogramm wurde gerade der Kilometerpunkt sechs passiert.
Ralph war mit der *OLIMAR* in der Zwischenzeit noch etwas langsamer geworden, um das Panorama zu genießen und Anita hatte genau wie wir ordentlich damit zu tun, alle Eindrücke auf die Speicherkarte zu bekommen.
An Backbord lagen ältere Häuser aus der Gründerzeit dicht an dicht gedrängt in unterschiedlichen Baustilen und verschiedenen Frontbreiten, je nachdem was das Geld der Bauherren damals hergab.
An der Pont de Feuillée kam uns dann das neue Taxiboot entgegen, das seit einiger Zeit zwischen dem Stadtzentrum und dem neuen Hafen Port Confluence mit seinem riesigen Einkaufszentrum als Zubringerbus hin und her pendelt.
Auf Höhe des Palais de Justice wurde Ralph extrem langsam und blieb dann mit seinem Schiff auf Position. Er hatte etwas gesehen, dass ich einige Bootslängen hinter ihm noch nicht erblicken konnte, daher tat ich es ihm nach und stoppte die *INGRINE* auf.
Und tatsächlich, von unten kam uns ein Frachter entgegen, der wegen der niedrigen Brückenbögen exakt die Mitte der Brücke und damit der Saône benutzte.
Und unmittelbar dahinter folgte dem Frachter ein Hotelschiff, die *VIKNG HERMOD* mit ihren einhundertfünfunddreißig Metern,

die sich für die Brückendurchfahrten in Lyon ganz klein gemacht hat, alle Aufbauten waren abgebaut und das Steuerhaus war abgesenkt worden.
Gegen diese Kaliber von Schiffen hatten wir keine Chance und so blieben wir mit unseren Schiffen auf unseren Positionen, um den beiden Kolossen die Vorbeifahrt zu gestatten, erst danach konnte es für uns weitergehen.
Auf dem Vorschiff des Hotelschiffes standen zahlreiche Gäste mit ihren Fotoapparaten bewaffnet und bannten das Panorama der Stadt auf Speicherkarte, einige der Passagiere winkten uns freundlich zu. Umso erstaunter war man nach der Vorbeifahrt, als unsere Herkunftsorte am Heck unserer beiden Boote sichtbar wurden, denn dort stand Basel und Düsseldorf angeschrieben.
Das Hotelschiff hatte in Langsamfahrt die Brücke passiert und gab uns unseren Weg wieder frei, also nahmen wir wieder Fahrt auf, keine halbe Stunde trennten uns noch vom Hafen und unserem Endziel.
So richtig wollte sich der Beton in der Stadtansicht nicht durchsetzen, überall quoll das Grün zwischen den Häuserzeilen durch, egal auf welcher Seite des Ufers auch immer.
So grün und freundlich hatte ich Lyon von den unzähligen Durchfahrten in den Süden mit dem Auto vor vielen, vielen Jahren nicht in Erinnerung.
Selbst der Bereich am Gare de Perrache, dem ehemaligen Hauptbahnhof von Lyon, wirkte hier vom Fluss aus ganz anders. Der Bahnhof lag auf der schmalen Halbinsel, die hier zwischen der Rhône und der Saône verblieben ist und die Gleise führten quer dazu über den Viaduc de la Quarantaine aus einen langen Tunnel kommend über die Saône in den Bahnhof und auf der anderen Seite heraus über die Rhône.
Parallel und direkt davor verläuft die Autobahn, die nach einem Tunnel für die Überquerung der Saône kurz an das Tageslicht kommt, um dann den Bahnhof unterirdisch zu unterfahren und die

kurz vor der Rhône in einer neunzig Grad Kurve wieder an die Erdoberfläche zurückkommt.
Über diese Autobahn sind wir mit dem Auto früher so oft langgefahren und jetzt erleben wir dieselbe Stelle aus einer ganz anderen Perspektive.
Das war schon irgendwie eigenartig.
Kurz hinter dem Bahnhof begann einen Häuserblock weiter der neue Stadtteil Confluence, der teilweise auf einem alten Industriegelände errichtet worden war.
Futuristische Gebäude, wie bei uns in Düsseldorf die Gerry-Bauten, prägen das Bild. Die teilweise metallischen Fassaden schimmerten und glitzerten im Sonnenlicht und man konnte oder wollte den Blick nicht davon abwenden.
Aber es war besser, nicht zu lange das schöne Panorama zu betrachten, den Ralph verlangsamte wieder und bog in die unscheinbare, von Lastkähnen etwas verdeckte Hafeneinfahrt hinein, die man auch glatt hätte übersehen konnte.

Wir waren angekommen.

Ich warf einen kurzen Blick zurück, ob uns ein Schiff überholen wollte, denn ich hatte einige Zeit zuvor das Taxiboot hinter uns bemerkt, das aber immer wieder unterwegs an den Haltepunkten anhielt, um Fahrgäste aus- und einzuladen.
Hinter uns war alles frei, vor uns kein anderes Schiff zu sehen, also folgte ich der *OLIMAR* in die Hafeneinfahrt, die zum einen nicht sehr breit war und auch etwas keilförmig wirkte.
Durch meine telefonische Anmeldung hatten wir hier mitten im Zentrum von Lyon eine Platzreservierung erhalten, perfekter konnte es nicht sein. In der Zwischenzeit war ein Mitarbeiter vom Hafenbüro aus der Capitainerie gekommen, als Ralph mit der *OLIMAR* vor dem Bürofenster vorbeifuhr.
Das Hafenbecken war sehr lang gebaut, aber nur im vordersten Teil waren zwei Pontons mit mehreren Stegen vorhanden, alles in allem

vielleicht Platz für zwanzig Boote bis zwölf Meter Länge, nach Rücksprache auch bis fünfzehn Metern, wenn genug Anleger frei sind, so stand es in der Internetbeschreibung.
Ralph war mir mit der OLIMAR eine Bootslänge voraus in den Hafen gefahren und wurde vom Hafenmeister gerade an seinen Platz dirigiert, ich ließ die INGRINE solange vor den Stegen treiben, um zu warten, falls Ralph Platz zum Rangieren brauchte und wohin wir beordert wurden.
Plötzlich klingelte es hinter mir, aber es war kein Eismann. Die NAVETTO, das uns vorher begegnete Taxiboot, kam gerade in den Hafen eingefahren und wollte an mir vorbei in den hinteren Bereich des Hafenbeckens, dort wo der Haltepunkt für das Zubringerboot lag, aber ich versperrte ihm mit der INGRINE den Weg. Mit einem kurzen Manöver schob ich die INGRINE an die Seite und machte so dem Pendelfahrer Platz, mir wurde kurz darauf per Handzeichen dafür gedankt.
Der Hafenmeister kam nun an einen anderen Steg im Einfahrtsbereich angeflitzt und deutete mir an, dort am Außenponton zu belegen. Ich sollte mich aber weit nach hinten orientieren, nachher käme noch das Kirchenboot vor mir an den Quai und es würde sehr viel Platz benötigen. Wir waren etwas enttäuscht, nicht neben der OLIMAR zu liegen, aber was sollten wir machen?
Kaum hatten wir dort angelegt, unser Boot vertäut und den Landstrom angeschlossen, als sein Kollege aus der Capitainerie kam und mit dieser Anweisung nicht einverstanden war. Er entschuldigte sich für die Umstände und bat uns, doch nach innen auf die andere Seite neben die OLIMAR zu wechseln, was wir uns natürlich nicht zweimal sagen ließen.
Alles wurde wieder eingesammelt und kurz darauf waren wir wieder nebeneinander vereint, so wie an den beiden Tagen zuvor in Mâcon und in Montmerle.
Auf unserem endgültigen Platz angekommen wurden die Festmacher belegt und der Strom erneut angeschlossen. Wir waren nun

definitiv angekommen und es konnte der Eintrag für das Bordbuch erfolgten:

Ankunft in Lyon um halb drei.

Und das tollste kam dann noch später beim Einchecken im Hafenbüro, als ich mit Helga dorthin gegangen war:

Am Wochenende war das Fest „Pardon de Mariner", daher könnte es etwas lauter werden durch Musik und durch viele Veranstaltungen und Aktivitäten, deswegen war der Liegeplatz an diesem Wochenende kostenlos, es brauchte nur der Freitag bezahlt zu werden.

In der Capitainerie befand sich neben dem Hafenbüro ein Sanitärbereich mit Duschen und Toiletten sowie ein Haushaltsbereich mit Waschmaschinen und Trocknern, der Zugang und die Nutzung war alles im Preis enthalten.
Die ganze Anlage war neu und sehr sauber gehalten, der Zugang dorthin war durch eine separate Türe auch am Abend oder in der Nacht möglich, wenn die Capitainerie geschlossen hatte. Der Zugang zu den Booten über die Pontons war durch Tore mit Zahlenschloss gesichert, der Zugangscode war derselbe wie hier für die Türen des Sanitärbereiches.
Somit konnten keine Unbefugten zu den Booten gelangen und dort ihr Unwesen treiben, hier konnte man sich absolut sicher fühlen und ruhigen Gewissens in die Stadt zum Einkaufen oder auf Besichtigungstour gehen, ohne sich darum Gedanken zu machen, ob mit dem Boot alles in Ordnung sei.
Wir deckten uns beim Verlassen der Capitainerie noch mit Unterlagen vom Fremdenverkehrsamt ein, die hier für die Bootpeople auslagen und begaben uns zurück an Bord der *INGRINE*.
Jetzt konnten wir den Nachmittag hier voll genießen und packten unsere sieben Sachen hoch auf das Nildeck unter das Bimini, um dort im Schatten die Eindrücke der neuen Umgebung zu erkunden.

Auf der linken Seite entlang des Hafenbeckens waren luxuriöse Wohngebäude zu sehen, deren Baustil allerdings Geschmackssache ist. Ebenerdig waren in den Häusern unten kleinere Geschäfte und Cafés untergebracht, vor den Cafés saßen einige Leute im Außenbereich und beobachteten wie wir die Umgebung.
Auf der anderen Seite des Hafenbeckens befand sich ein riesiger Einkaufstempel mit exklusiven Boutiquen und vielen weiteren Geschäften, die zum Einkaufen und flanieren einluden. Unmittelbar vor dem Bootshafen ging eine Fußgängerbrücke quer über das Hafenbecken, um von einer Seite auf die andere zu gelangen und im hinteren Bereich war eine weitere Brücke sichtbar, über die eine Straßenbahnlinie führte und das neue Viertel mit dem Bahnhof Perrache verband.
Zu beiden Seiten des Hafens verlief eine tieferliegende Terrasse, entlang derer sich zahlreiche Bänke und Sitzmöglichkeiten befanden, die durch eine Reihe kleiner jung gepflanzter Bäume an der Kante zum Hafenbecken auch etwas grün in das ganze grau des Betons brachte.
Und wir lagen mit der *INGRINE* mittendrin, aber es war trotzdem auffallend ruhig und angenehm hier zu sein.
In die andere Richtung schweifte unser Blick über die Hänge auf der gegenüberliegenden Seite der Saône. Dort gab es in einem Meer von Bäumen viele ältere Häuser und Villen zu entdecken, alles in allem eine tolle Aussicht.
Die zu niedrige Fußgängerbrücke, die laut Berichten zuvor die Hafeneinfahrt überspannte war wohl abgebaut worden, sie war zumindest bei unserem Besuch in Lyon nicht mehr vorhanden.
Ralph und Anita machten sich auf, um als freiwilliges Prisenkommando den Einkaufstempel zu erkunden, wir bewachten derweil unseren Liegeplatz, uns hatte es erst einmal auf der *INGRINE* gehalten, in der Nachmittagshitze war es uns einfach noch zu warm um auf Entdeckungstour zu gehen.
Am Nachmittag wurden dann weitere Boote in den Hafen verlegt und geschmückt, der Hafen sollte für das Fest voll belegt und schön

dekoriert aussehen. Und da wir dem in nichts nachstehen wollten machten wir uns auf und kramten unsere Lampiongirlande und unsere Fähnchengirlande hervor und schmückten die *INGRINE* ebenfalls stilgerecht.

Um achtzehn Uhr schob sich ein Frachter in den Hafen herein, der als Bateaux Chapelle am Sonntag als Altar für den Gottesdienst herhalten sollte und dementsprechend ausstaffiert worden war. Der Frachter steuerte den Platz an, der uns zuvor bei unserer Ankunft hier in Lyon zugeteilt worden war und nahm diesen vollständig ein. Wo wären wir dann abgeblieben?

Naja, das Problem hatte sich ja zum Glück schnell zu unserem Vorteil gelöst.

Wenig später legte dann das VnF-Schiff *LE RHÔNE* vor dem Kirchenschiff an, damit war der Außenquai im Bereich der Hafeneinfahrt komplett belegt.

Unser leichtes Abendessen wurde oben an Deck vertilgt während Ralph und Anita im Einkaufstempel oben auf der Dachterrasse eines der zahlreichen Restaurants gefunden hatten, das ihren Vorstellungen entsprach.

Nach ihrer Rückkehr in den Hafen wurde von ihrem Landgang und ihren Entdeckungen berichtet und die Damen tauschten die nötigsten Empfehlungen für ein **Muss** an Läden aus, an deren Besuch man einfach nicht vorbeikäme.

Der Hinweis von Ralph, man akzeptiere in den Geschäften Kreditkarten, war da nicht sehr hilfreich.

Mir ahnte Schlimmes.

Am späteren Abend konnte man ein wunderbares Lichterspiel betrachten und genießen. Die umliegenden Häuser um den Hafen wurden teilweise bunt angestrahlt oder waren anderweitig illuminiert.

Das aus mehreren Segmenten bestehende gewölbte Glasdach vom Shoppingcenter wurde von innen mit hellblauem Licht angestrahlt während die Häuserfront bernsteinfarben erstrahlte, das gab dem Ganzen einen schönen Kontrast und passte auch harmonisch in die modern gestaltete Umgebung.
Diese Beleuchtung wirkte weder kitschig noch überladen, ein weiterer positiver Effekt war auch das Nichtvorhandensein von irgendwelchen Reklametafelnden, die man hier erwartet hätte. Nur ganz oben an der nach innen versetzten Front waren einige Leuchtschilder mit den Namen der Restaurationsbetriebe über deren Eingängen angebracht, aber das wirkte auf keinen Fall aufdringlich.
Die Bogenbrücke über das Hafenbecken wurde ebenfalls mit dezenten Laternen beleuchtet, die Straßenbahnbrücke im Hintergrund wurde zudem von unten hell angestrahlt.
Überall sah man Lichter. Es war aber auch nicht zu grell und zum Glück gab es keinerlei blinkende und aufdringliche Leuchtreklame al la Amerika.
Der Strom von Besuchern in das Einkaufscenter wollte nicht aufhören, es war ja auch Freitagabend und kurz vor dem Wochenende zog es mit Sicherheit auch das eine oder andere Paar in eines der Kinos auf dem Gelände.
Nach der Hitze am Tag war es nun an Deck ganz angenehm und es war so etwas von entspannend dem Treiben der unzähligen Leute an Land zuzusehen.
Gelegentlich gab es ein Gespräch von Bord zu Bord mit unseren Nachbarn, die ebenfalls die Atmosphäre bewunderten.
Wir folgten später der Einladung von Ralph und Anita und verbrachten einen schönen Abend oben an Bord der *OLIMAR* und tauschten dort dabei so manches an Seemannsgarn aus.
Ganz leise und mit einem etwas schlechtem Gewissen wegen der vorgerückten Stunde schlichen wir uns um zwanzig vor zwei zurück an Bord der *INGRINE* und begaben uns in die Kojen.

Ein toller Tag war zu Ende.

Mit der *MOLLY* und der *OLIMAR* in Montmerle - sur - Saône

Lyon , die Basilique Notre Dame de Fourvière und der Tour Metallique

Die *OLIMAR* bei der Einfahrt in den Port Confluence

Abendstimmung im Port Confluence in Lyon

Port Confluence und Stadtrundgang

Am folgenden Samstagmorgen nahm unsere Kaffeemaschine nicht ganz so früh ihre Arbeit auf wie sonst, das hatte aber nichts mit dem Wochenende zu tun, die Maschinenführerin wollte sich nicht so richtig zuständig fühlen.

Ewig dieses Kompetenzgerangel.

Im Umfeld des Hafens herrschte bereits ein reges Treiben. Unzählige Stühle, Tische und Pavillons wurden aufgebaut und Getränkestände aus Lieferwagen abgeladen und platziert, andere Vorbereitungen für das heute beginnende Fest getroffen.
An Bord der *OLIMAR* war noch alles im Tiefschlaf, als wir unsere Siebensachen packten und uns aufmachten, den Palast de Commerce in einem Überraschungsangriff zu erstürmen. Es galt unsere Getränkevorräte aufzufüllen, irgendwo im Einkaufstempel sollte ein Supermarkt zu finden sein, wie wir aus Geheimdienstkreisen erfahren konnten.
Die *INGRINE* wurde abgeschlossen und mit Tragetaschen und Einkaufswagen bewaffnet wollten wir dem Konsum aufrecht und mit erhobenen Hauptes entgegentreten.

Man muss ja zumindest Vorsätze haben.

Wir schlenderten entlang des Stegs zum Ausgangstor und vergewisserten uns noch einmal, ob wir auch den Zettel mit dem Zugangscode für das Tor dabeihatten, sonst hätten wir später auf unserem Rückweg ein kleines Problem.
Alles war in Ordnung, also konnten wir uns auf die andere Seite der Absperrung begeben. Noch hatte uns niemand entdeckt und es wurde auch kein Alarm ausgelöst. Wer weiß, wie lange das gut geht.

Über die kleine Fußgängerbrücke gelangten wir über das Hafenbecken auf die andere Seite herüber. An der Verkleidung des Brückengeländers, einem Maschennetz, hingen unzählige Vorhängeschlösser, so wie man es heutzutage von vielen Brückengeländern her kennt.
Auf der anderen Seite der Brücke angekommen schlug Helga zielstrebig den Weg Richtung Eingangstüre ein und mir wurde zunehmend zittrig ums Portemonnaie.
Im Bereich des Eingangs war eine Tafel mit einem Lageplan der Geschäfte angebracht, dem wir die Koordinaten des Lebensmittelgeschäftes, einem Carrefour, entnehmen konnten.
Auf Grund der angenehmen Wärme der Sonne zu so früher Stunde konnte ich den ersten Angriff auf mein Konto erfolgreich abwehren und Helga dazu überreden, Außen entlang des Hafenbeckens zu dem weiter oben gelegenen Hauteingang zu flanieren.

Mir war bewusst, dass ich die Schlacht nicht gewinnen konnte.

Nun war der unausweichliche Moment gekommen, wir betraten das Einkaufszentrum durch den Haupteingang und waren dem Lebensmittelladen vis-à-vis gegenüber.
Aus dem Abstellbereich wurde ein Einkaufswagen der Größe Triple-X entliehen und auf ging es in die Schlacht. Der Laden war recht groß und auch gut sortiert und die nötigen Getränke und Wasservorräte waren schnell aus dem Regal in die Karre umgeladen. Sehr hilfreich, aber letztendlich nicht begrenzend war der Einkaufszettel, der in mühsamer Arbeit Tage zuvor vorbereitet mitgeführt wurde, dem aber von der Proviantmeisterin wenig Beachtung geschenkt wurde.
Mir war in dem Laden die Rolle zugeteilt worden, den Schwertransporter durch die nicht enden wollenden Gänge zu navigieren. Helga bekam dort in der Technikecke sogar ein neues passendes Ladekabel für ihr Smartphone, dass seinen Geist am Aufgeben war.

Nachdem der Einkaufswagen die maximale Zuladungsgrenze um das zwei bis dreifache überschritten hatte reihten wir uns in die Schlange vor der Zahlstation ein und wurden, als wir an der Reihe waren, als Großkunde höflichst bedient, derweil bekam meine Kreditkarte Schnappatmung.
Was ich bis heute nicht so recht verstehe ist die Tatsache, dass wir den gesamten Einkauf in unsere mitgeführten Taschen und dem Einkaufswägelchen verstaut bekamen und alles auf einem Weg zum Boot geschafft hatten.

Man munkelte aber, die Fußgängerbrücke wäre um einen halben Meter nach unten gesunken, als wir diese oben passierten, also Obacht, falls ihr Boot höher als vier Meter fünfzig ist, diese Höhe ist fortan nicht mehr garantiert.
An Bord hatten wir einige Zeit damit verbracht, alles schön in den Kühl- und Gefrierschrank zu verstauen und für die anderen Sachen einen geeigneten Platz zu finden.
Zum Glück war die hintere Kabine nicht belegt und konnte als Notlager auch noch so manches Kartönchen aufnehmen.

Die Hitze vom Vortag hatte uns auch heute wieder eingeholt, daher bestand unser Mittagsessen nur aus einem kleinen Snack in Form einer Salatplatte, die wir wohl als Bonus für unsere Einkäufe erhalten hatten.
Oben an Deck wurde sich unter dem Bimini verkrochen, um im Schatten dem weiteren Geschehen in unserem Umfeld beizuwohnen.
Punkt dreizehn Uhr formierte sich eine Blaskapelle und läutete das Hafenfest ein. Am Ufer und auf der Brücke versammelten sich nun zunehmend Zuschauer, um einen Blick auf die kleine Bühne auf halber Höhe des Hafenbeckens vor uns zu ergattern.
Es folgte die übliche Ansprache mit Grußwort an das akademische Viertel, bevor der Moderator ans Mikrofon durfte.

Den Auftakt der Veranstaltungen machte l'Union des Jouteurs et Sauveteurs de La Mulatière, die versuchten, sich mit Lanzen von kleinen Booten gegenseitig ins Wasser zustoßen. Vom Mittelmeer her kannte ich diese Sportart bereits, dort sagte man Fischerstechen dazu. Wie auch immer, wir saßen mal wieder in der ersten Reihe und konnten dem Rummel zusehen.

Eine ganze Weile ging der Rummel mit unterschiedlichen Altersgruppen von Kindern und Jugendlichen weiter.

Die Sonne kletterte die Himmelsleiter empor und Helga vom Boot herunter, sie konnte dem Ruf der Boutiquen nicht wiederstehen und machte sich noch einmal alleine auf, um vereinzelte Boutiquenbesitzer persönlich kennenzulernen.

Dieser weiteren unnützen Abnutzung meiner teuer erstandenen Schuhsohlen wollte ich nicht weiter Vortrieb leisten, daher blieb ich an Bord und schaute lieber den Eiswürfeln in meinem Getränkeglas beim Schmelzen zu.

Die Sonne knallte vom Himmel unerbittlich herunter und heizte die Luft, die sich zwischen den Häusern und dem Beton der Plätze staute, gnadenlos auf. Das war der Nachteil des Hafens, die leichte Brise von Rhône und Saône, die zwischen den Häusern gelangte, hatte keine Chance, gegen die stehende Hitze anzukommen und die Wärme etwas abzukühlen.

Um der Hitze etwas zu entkommen wurde später beschlossen, unter den Bäumen entlang der Saône in Richtung Stadt zu gehen, unsere Besichtigung von Lyon stand ja auch noch aus.

Gesagt, getan, also ging es los und runter vom Boot. Auf dem Platz waren nicht sehr viele Leute unterwegs, obwohl das Unterhaltungsprogramm am Hafenbecken immer noch lief, vermutlich war es einfach noch zu warm dazu. Da war es wohl einfacher und angenehmer, in der kühlen da klimatisierten Einkaufshalle zu bummeln. Wie dem auch sei, wir nahmen die Schlacht auf und lenkten unseren Weg Richtung Saôneufer.

Hinter der Capitainerie waren, von der *INGRINE* aus nicht einzusehen, da durch die Capitainerie verdeckt, zwei kleine Karussells für kleinere Kinder aufgebaut worden, und dazwischen waren mehrere Stände mit Wasserspielen und Kinderspielzeugen à la Rummelplatz zu sehen.

Von der Kopfseite des Hafenbeckens aus machte ich noch ein paar schöne Bilder von der *INGRINE*, wie sie da geschmückt für das Hafenfest neben den anderen bunten Booten lag, ein schön anzusehendes Bild.

Unsere ursprüngliche Absicht, entlang des Ufers hoch zur Innenstadt zu gehen, wurde durch eine Baustelle verhindert. Wir mussten die ersten vielleicht vierhundert Meter entlang einer parallel verlaufenden kleinen Straße ausweichen, dann hatten wir die Baustelle am Ufer umwunden und waren wieder am Quai, der sich das ganze Ufer entlang des Flusses durch die Stadt zog.

Hier waren die Arbeiten bereits abgeschlossen und uns erwartete ein Grünstreifen, der wie ein kleiner Park entlang der Saône verlief und auch einige Spaziergänger anlockte. Die neu gepflanzten Bäumchen verstreuten noch nicht viel Schatten, da müssen erst noch ein paar Jahre ins Land gehen, aber man konnte bereits erahnen, wie es hier wohl in ein paar Jahren aussehen könnte.

Ab hier lagen am Quai alte Frachter an Frachter, alle samt umgebaut zu Wohnbooten oder Restaurants. Auf vielen der Kähne waren teilweise monströse Blumenkästen angebracht worden, ein Frachtkahn schien unter den Blumenrabatten regelrecht zu versinken, man kann es auch manchmal übertreiben.

Auf der gegenüberliegenden Seite der Saône sah man Reste einer alten Stadtmauer, die auch einige der Gärten der oberen Häuser einzäunten. An anderen Stellen waren Stützmauern und Eingrenzungsmauern zu sehen, die sich unauffällig in die Umgebung einpassten.

Wir näherten uns dem Viadukt der SNCF über die Saône, über dem die Züge in den nahen Bahnhof Perrache einfuhren. Durch die unmittelbar dahinterliegende Tunneleinfahrt zur Autobahn wurde es

hier etwas lauter, sonst hatte man den Straßenverkehr kaum wahr genommen.
Wir mussten die Straßenkreuzung überqueren, um auf der anderen Seite der Tunnelzufahrt dem Ufer folgen zu können, aber durch die Ampelanlage an der Kreuzung war das nicht so ein Problem, wenn es nur nicht so heiß wäre.
Aber zum Glück verfügte der nun erreichte ältere Teil der Uferbefestigung über größere Bäume, die in Abstand von zwanzig oder dreißig Metern das Ufer säumten. Dort konnte man sich im Schatten kurz erholen und auf der Mauer sitzend den gegenüberliegenden Hang am anderen Ufer der Saône betrachten.
Die Mauerreste durchzogen dort noch immer den Hang und grenzten dort die einzelnen Grundstücke ab. Zwischendurch stand immer wieder eine dichte Gruppe von Bäumen wie bei einem kleinen Wäldchen, dadurch wirkte der Hang grüner und die Häuserbebauung war nicht so dominant.
Es gab aber auch viele unbebaute Grundstücke dazwischen, aus welchem Grunde auch immer.
Entlang der Ufermauer, an der wir inzwischen weitergegangen waren, befanden sich in weiten Abständen kleine Balkons als Aussichtsplattform, dadurch konnte man den einen oder anderen schönen Ausblick auf die Quais und den Bereich unterhalb der Mauer werfen, an den immer noch zahlreiche Kähne vertäut lagen.
Von einer dieser Stellen hatten wir auch einen wunderschönen Ausblick auf die Basilique de Fourvière mit der goldenen Madonna oben auf dem Hügel.
Daneben stand einen Steinwurf entfernt der Tour metallique, der dem Eiffelturm nachempfunden ist und auch auf die Pläne von Gustav Eiffel zurückweist, wie man einschlägigen Reiseführern entnehmen konnte. Der Turm selber wurde durch die Initiative des Gastronomen Gay zur großen Lyoner Ausstellung von achtzehnhundertvierundneunzig errichtet, ist fast sechsundachtzig Meter hoch und wiegt um die zweihundertzehn Tonnen.

Bis Neunzehnhundertdreiundfünfzig war er ein gerne besuchter Aussichtsturm, von dessen Plattform man einen traumhaften Rundblick über Lyon hatte, ab dieser Zeit wird er als Sendemast genutzt und kann nicht mehr besucht werden.

Eigentlich Schade.

Wir waren nach einigen hundert Metern an der Passerelle Saint Georges angekommen und machten uns an die Überquerung der Saône, um den Hügel hoch nach Fourvière zu erklimmen. Unten am Fuß des Hügels am gegenüberliegenden Ufer stand am Wasser die Eglise Saint Georges, die mir auch noch für ein Foto herhalten musste.
Irgendwo dahinter gab es auch noch eine weitere Kathedrale, die wir aber von hier aus nicht sehen konnten, sie war durch umliegende Häuser verdeckt.
Helga zeigte erste Anzeichen von Schwäche, sie hatte sich vermutlich von ihrer Soloeinkaufstour noch nicht vollständig erholt, und verweigerte den weiteren Aufstieg auf den Hügel von Fourvière, falls es dort keinen Aufzug hoch gäbe.
Bei der heutigen Hitze war das gut zu verstehen, also sparen wir uns diesen Besuch für ein anderes Mal auf, den wir hatten bereits beschlossen, zu einem späteren Termin erneut nach Lyon zurück zu kehren, so hatten uns die Eindrücke von der Stadt in ihren Bann gezogen.
Ein letzter Blick viel auf das Hügelpanorama bevor wir kehrtmachten und gegenüber der Brücke in die schattige Fußgängerzone eintauchten. Hier war es durch den Schatten der Häuser merklich kühler und es war deutlich angenehmer durch die Gassen zu bummeln, als im Freien der doch so sehr herbeigesehnten Sommersonne ausgesetzt zu sein.

Man kann es einem halt nie Recht machen.

Heute war Samstag und damit ein ganz normaler Wochen- und Einkaufstag, dementsprechend voll war es in den Straßen und Gassen. Den unzähligen Geschäften und deren Auslagen bestaunend erreichten wir den Place Bellecour im Herzen von Lyon, der mit seinen 62000 m² der drittgrößte Platz in Frankreich ist.

Aus allen Ecken strömten die Menschenmengen auf den Platz, darüber hinweg um auf der anderen Seite in die Einkaufsstraßen zu verschwinden. Aus der am Rande gelegenen Metrostation gesellten sich weitere Menschenströme dazu, diesem Treiben wollten wir eine Weile zuschauen und was gibt es besseres dazu, als sich irgendwo in ein Café zu setzen.

Wir schauten uns etwas um und konnten ein Stück weiter links mehrere Cafés am Rande des Platzes entdecken, dort konnte man sich vor den Läden auf beschatteten Stühlen niederlassen und die Umgebung und das Treiben auf sich einwirken lassen.

Helga bestellte sich einen Cappuccino mit Sahne und ich begnügte mich mit einem Gläschen Rosé, eisgekühlt.

Wir hatten uns dort im Schatten zum Chillen gesetzt, aber leider war die Atmosphäre nicht ganz so wie wir es uns vorgestellt hatten, aus allen Richtungen wurden wir beschallt:

Das Café in dem wir saßen verwöhnte uns mit aufdringlicher Musik aus übergroßen Boxen, nebenan das Bistro hielt mit eigener Musik dagegen, auf dem Platz vor uns spielten mehrere kleine Musikergruppen um die Wette, kurz und gut es war uns einfach zu unruhig, von entspannter Ruhe konnte so keine Rede sein.

Und so richtig angeregt unterhalten konnte man sich durch das Getöne auch nicht.

Leicht enttäuscht sind wir dann nach einer dreiviertel Stunde aufgebrochen, um durch die Einkaufsstraßen langsam zurück zum Boot zu wandern.

Unser Rückweg führte uns entlang der Rue Victor Hugo, dort kreuzten wir den Place Ampère, der nach dem hier in Lyon siebzehnhundertfünfundsiebzig geborenen André-Marie Ampère benannt wurde, einem führenden Mathematiker und Physiker und

nach dem auch die Maßeinheit des elektrischen Stromes benannt worden ist.
Der Platz hatte in der Geschichte der Stadt Lyon in der Vergangenheit mehrfach den Namen gewechselt, bis er nach dem Bau der Metro nach neunzehnhundertachtundsiebzig wieder seinen alten Namen zurückerhielt.
Wir folgten der Rue Victor Hugo weiter durch die Fußgängerzone, die uns weiter und direkt auf den Eingang des Gare de Perrache zu führte.
Kurz vor dem Bahnhof am Place Carnot stand noch ein Monument aus alten Tagen, die Statue de la République, ein unter den Touristen ebenfalls sehr beliebtes Fotomotiv.
In das Gewühl im Innern des Bahnhofes wollten wir uns allerdings nicht stürzen und so hatten wir uns entschlossen, unten seitwärts durch die Unterführung neben der neuen Straßenbahntrasse daran vorbeizugehen.
Die letzten paar hundert Meter gingen entlang eines trostlosen Wohngebietes, da wir hinter dem Bahnhof auf die Seite der Rhône gewechselt waren. Hier kam die Umgebung meinen alten Erinnerungen an Lyon wieder etwas näher, da zwischen dem Gehweg entlang der Uferstraße und der Rhône die Autobahn verlief. Grau und staubig wäre noch die geschönte Beschreibung für die Häuserfassaden, die hier dem Lärm und den Abgasen des Verkehrs ausgesetzt aufrechtstehend ihrem Schicksal des Verfalls entgegensahen, das wohl nicht mehr zu viele Jahre auf sich warten ließe.
Bei der erstbesten Gelegenheit, die sich uns bot, verließen wird die Rhôneseite und begaben uns in Richtung der Hauptachse, dem Cours Charlemagne, die hier irgendwo verlaufen musste, und die uns zurück an unseren Ausgangspunkt führen sollte.
Hier konnte man sich auch ohne Stadtplan nicht allzu sehr verlaufen, da man auf der anderen Seite unweigerlich auf die Saône treffen würde. Bereits einen Querblock weiter kamen wir an die Haupttrasse, die das Bahnhofsviertel mit dem unteren Zipfel der Halbinsel

und dem darauf befindlichen Neubauviertel und dem darin befindlichen Hafen verband.
Hier wurde sich wieder nach links orientiert und weiter ging es für uns auf dem restlichen Teilstück zurück zum Boot. Zum Glück lag der Gehweg hier im Schatten der höheren Häuser und es konnte meinem Gefühl nach nicht mehr sehr weit sein.
Wir erreichten das neue Viertel Confluence, zu Deutsch Zusammenfluss, gemeint war hier natürlich der Zusammenfluss von Rhône und Saône, und tauchten aus den älteren Häuserzeilen, die uns den letzten Teil des Weges begleitet hatten ein in eine andere, eine modernere Welt.
Unser Weg führte uns zuerst an einem Kinocenter vorbei und dann standen wir unmittelbar darauf am anderen Ende vom Hafenbecken. Uns genau gegenüber lag der Haupteingang des Einkaufscenters, dort wo wir am Vormittag Geld gegen Waren in unbekannten Mengen eintauschen konnten.
Das Hafenfest war am anderen Ende des Hafenbeckens unten am Ufer der Saône nach wie vor im vollen Gange, und die Beschallung von dort war wesentlich angenehmer als der Krach aus allen Ecken beim Café am Place Bellecour am Nachmittag in der Stadt.
Wir waren gut drei Stunden auf unserem Fußmarsch in der Stadt unterwegs gewesen, als wir den schützenden Hafen und unser Schiff wieder erreichten. Dort wurden wir von Ralph und Anita erwartet, die uns schon fast vermisst hatten. Wir berichteten den Beiden von unserem Landgang und unseren Eindrücken in der Innenstadt von Lyon.
Nach dem Rundgang zurück an Bord der *INGRINE* angekommen wurden die Füße hochgelegt und oben an Deck im Liegestuhl das Treiben im Umfeld des Hafens erschöpft beobachtet. Das war das entspannte Flair, was wir am Nachmittag nicht genießen konnten und doch so gerne erlebt hätten.
Im Bereich der Hafeneinfahrt lag von uns aus gesehen links außen am Quai ein Anleger für die Hotelschiffe, die auf dem Weg von Nord nach Süd oder umgekehrt Lyon ansteuerten oder passierten.

Dort lagen zwei große Hotelschiffe mit dem typischen Kussmund auf Rede, denen wir auch schon öfters begegnet waren. Für die Gäste auf einem der Schiffe war die Reise wohl bald zu Ende, den oben an Deck hatte man sich versammelt und prostete sich gemeinsam mit Gläsern, vermutlich einem Glas Sekt oder gar Champagner zu.
Wenig später wurden an die Gäste Ballons verteilt, an denen Karten mit Schnüren befestigt waren, auf denen von den Gästen irgendwelche Grüße verewigt wurden und die dann wie auf Kommando zu dutzenden in den Himmel entlassen wurden.
Überall sah man rote und weiße Ballons in den blauen Himmel aufsteigen, die sich dann vom Winde erfasst auf eine unbekannte Reise begaben.

Ob man wohl einen der Ballons jemals wiedersieht oder von dessen Reiseverlauf und Ziel erfährt?

Gegen sieben Uhr wurde langsam die Zeit zum Abendessen eingeläutet. Ein Salat war schnell angerichtet, dazu gab es frisches Brot und vom Grill lockten uns aromatisch duftende Grillspieße an den Tisch, die Zutaten dazu hatten wir am Vormittag eingekauft.
Helga hatte noch eine Idee für ein Quarkdessert, das nach dem Anrichten bis zum Verzehr schön kühl gestellt wurde. Sie hatte der Menge nach etwas mehr gemacht und zwei Schälchen davon wechselten später von der *INGRINE* rüber an Bord der *OLIMAR*, wo sich die Crew darüber sehr freute.
Auf einem Nachbarboot war dieser Service beobachtet worden und man wollte bei uns auch eine Bestellung aufgeben, aber leider reichte die Menge dazu nicht mehr aus.
Den restlichen Abend verbrachten wir dann oben an Deck und konnten noch einmal die schöne Illuminierung der Gebäude bewundern, ab halb neun wurde es etwas kühler und damit auch wesentlich angenehmer draußen.
Nicht zu vergessen oder zu übersehen war natürlich auch unsere

Lichterkette mit den kleinen bunten Kugeln, die wir am Vortag für das Hafenfest vom Mast auf dem Vorschiff hoch zu unserem Bimini angebracht hatten und die heute Abend zum letzten Mal zum Einsatz kam und die *INGRINE* in ein buntes Licht hüllte.

Was gibt es entspannteres als Ferien?

Lange noch hatten wir oben gesessen und darüber beraten, wie unser weiterer Verlauf unserer Reise verlaufen sollte. Die *OLIMAR* wollte am nächsten Morgen ihre Tour weiter in den Süden fortsetzen und dementsprechend früh aufbrechen.
Wir Hatten ursprünglich geplant, den Sonntag noch hier im Hafen zu verbringen um auch an der Prozession der Schiffe zur Segnung teilzunehmen.
Zeitgleich drängte uns die hier stehende Hitze im Hafen zwischen den Hochhäusern zu einem Aufbruch in kühlere Gefilde.
Als Alternative wäre ein Aufenthalt in einem der Städtchen möglich, die wir auf unserer Anfahrt nach Lyon passiert hatten.

Eine Entscheidung wurde aber noch nicht so richtig getroffen, mal sehen was der nächste Morgen so bringt.

Mit der *INGRINE* alleine zurück

Der Sonntagmorgen begann für uns um sieben Uhr mit dem bekannten und uns in den letzten Tagen stets begleitenden schönen Wetter. Trotzdem waren wir etwas betrübt an Bord, trafen doch unsere neugewonnenen Bootsfreunde der *OLIMAR* ihre Vorbereitungen für ihre Weiterfahrt in den Süden, sie wollten die Rhône herunter bis nach Port Saint-Louis, um dort im Süden den Sommer zu verbringen.
Eine halbe Stunde später war es dann leider soweit, der Motor der *OLIMAR* wurde gestartet und das Stromkabel von Ralph eingerollt. Alles war für die Abfahrt bereit und so verabschiedeten wir uns von Ralph und Anita und wünschten ihnen natürlich eine gute Fahrt und hofften auf beiden Schiffen, das uns unsere Wege bald wieder zueinander führen sollten.
Die Leinen wurden eingeholt und langsam glitt die OLIMAR, begleitet von unserem Winken und unseren besten Grüßen, aus dem Hafenbecken um dann nach links aus unserem Sichtfeld zu entschwinden.
Wir hatten uns mit den Beiden gut verstanden und waren mit ihnen wohl auf derselben Wellenlänge, wie man so sagt.
Zum Ende des Sommers kommen die Beiden wieder die Rhône und die Saône hoch um mit der *OLIMAR* ihr Winterquartier im Hafen von Corre zu beziehen.
Dazu kommen sie auf ihrer Bergfahrt auf jeden Fall an Auxonne vorbei und wer weiß, vielleicht treffen wir uns dort wieder?

Es war jetzt um acht Uhr bereits sehr warm und wir waren immer noch am überlegen, ob wir den Tag hier weiter verbringen wollten, um das Hafenfest und den Bootscorso mitzumachen oder ob wir die kühlendere Rückfahrt antreten wollten, um unterwegs an einem schönen Punkt einen Tag Aufenthalt dazwischenzuschieben.

Die letztere Variante war irgendwie verlockender, zumal uns unsere nächsten Gesprächspartner nun hier im Hafen fehlten, also schlug ich einen Aufenthalt in Trévoux vor, die Stadt, die uns bei der Hinfahrt schon so gefallen hatte.
Ich rechnete die Etappen für unsere gesamte Rückreise durch und kam zu dem Schluss, dass dies auch von Vorteil wäre, da wir so auch einen zusätzlichen Zeitpuffer für die Rückfahrt bekämen, falls uns Unterwegs ein unerwartetes Ereignis begegnet.

Der geänderte Plan wurde von der gesamten Crew einstimmig genehmigt und so machten wir uns um neun Uhr auf unseren Weg der Rückreise. Zuerst folgten wir aber noch ein kleines Stück der vorhin eingeschlagenen Richtung der *OLIMAR*.
Wir hatten so eine weite Fahrt bis hierhin nach Lyon gemacht, da sollten wenigstens wir und die *INGRINE* zumindest ein Stück Rhônewasser gesehen haben und bis zum Zusammenfluss von Rhône und Saône waren es ab dem Hafen Confluence keine zwei Kilometer mehr.
Als einziges Boot auf dem Wasser machten wir uns auf dem Weg und näherten uns der Mündung der Saône in die Rhône. Nach dem Passieren der Hafenausfahrt kam an Backbord ein futuristisch aussehendes Gebäude nach dem anderen. Fünf Minuten später kreuzten wir die Autobahn- und die Eisenbahnbrücke von La Mulatière und waren somit am letzten Zipfel der Halbinsel angelangt. Auf dem äußersten Ende lag das hochmoderne Museum von Confluence, das eher nach einem gelandeten Sternenkreuzer als nach einem Museum aussah und der Beschreibung nach globales Wissen mit Schwerpunkt Naturwissenschaften als Grundthema seiner Ausstellungen angibt.
Und dann war für uns und die *INGRINE* der besondere Moment gekommen, die *INGRINE* wechselte von der Saône auf die Rhône. Wir folgten dem Fluss noch ein paar hundert Meter um dann

auf Höhe des Eisenbahnwerkes von la Mulatière zu wenden und somit endgültig unsere Rückfahrt nach Auxonne beim Kilometer Null zu beginnen.
Ab jetzt befanden wir uns auf unserer Heimfahrt.
Das Panorama auf der Rhône, das uns Lyon dort zeigte, wenn wir Richtung Norden schauten war einfach nur phantastisch und schwer in Worte zu fassen.
Auf der linken Seite lag das futuristische Gebäude am Eingang des neuen Stadtteils Confluence, die Brücken über Rhône und Saône und im Hintergrund hoch oben thronte auf dem Hügel von Fourvière die Baselique über der Stadt.
Ich machte noch ein paar Fotos für meine Sammlung und auch für das Internet bevor ich unser Schiffchen in den uns bekannten Fluss einschwenkte.
Vorbei ging es an der Hafeneinfahrt, wo das Fest im vollen Gange war und der Gottesdienst auf dem Bateaux Chapelle gerade begonnen hatte.
Am Gare de Perrache kam uns ein erstes Frachtschiff entgegen, das uns aber nach seiner Brückendurchfahrt ausreichend Platz machte, sodass ich selber nicht stoppen brauchte.
Die Fahrt auf der Saône entlang der Quais, an denen wir am Vortag gebummelt waren, hatten wir wieder für uns alleine.
Hier konnten wir noch einmal den schönsten Teil von Lyon bewundern. An Backbord war unter Bäumen entlang der Quais ein Trödelmarkt aufgebaut worden und reges Treiben war die Folge, zumal es in den kühleren Vormittagsstunden wesentlich angenehmer war entlang der Stände zu bummeln, und für die Schnäppchenjäger war es unter Umständen bereits zu spät.
Das hätte uns auch bestimmt interessieren können, wenn wir von dem Trödelmarkt im Vorfeld gewusst hätten. Beim nächsten Besuch könnten wir so etwas dann mitberücksichtigen, aber Anhalten wollten wir nun dafür auch nicht mehr.
Über Funk bekam ich die Statusmeldungen von einem Frachter mit, der bei La Mulatière in die Saône eingebogen war, damit wusste ich,

wir hätten einen Folger hinter uns, der uns in absehbarer Zeit einholen und überholen würde. Zu diesem Zeitpunkt hatte ich aber noch keine Meldung darüber, um welche Bauart von Frachter es sich handeln würde, da ich mein AIS nicht in Betrieb hatte. Unaufhörlich kam uns ein Frachter näher, den ich im Bereich der Ile de Barbe zum ersten Mal mit Fernglas hinter uns erblicken konnte, der aber zu dem Zeitpunkt noch weit hinter uns war, ein Schubverband, wie sich herausstellte. In der Stadt konnte ich dessen Geschwindigkeit in den Kurven gut halten, da er in den Kurven die Geschwindigkeit zurücknehmen musste, aber hier in dem geraden Stück zwischen der Pont Masaryk und der Insel raste der Schubverband die Saône förmlich hoch.

Vor der Ile de Roy bin ich mit der *INGRINE* an die Seite gegangen und habe den Schubverband passieren lassen, der danach in der nächsten Flussbiegung auch voll ausholte, dort hätten wir neben dem Frachter nicht mehr viel Platz gehabt.

Die *CHAVANAY* schob zwei leere Leichter vor sich her und ragte hoch aus dem Wasser heraus, als sie zuvor an uns vorbeiging.

Die Abmessungen des Koppelverbandes wurden von mir abgelesen und dann kurz gerechnet, zwei Leichter a achtzig Meter plus die Schubeinheit mit fünfundzwanzig Meter ergeben einhundertfünfundachtzig Meter in der Schleuse Couzon, da kommen wir nicht mehr mit hinein, da die maximale Länge der Schleuse mit dem Schubverband ausgereizt war.

Also konnte ich mir auf den nächsten vier Kilometern bis zur Schleuse Couzon nun Zeit lassen, da die Schleusung für das Schubschiff selber ja auch noch eine Weile dauern würde.

Schön gemütlich ging es nach unserer Weiterfahrt an der Ile Roy vorbei, diesmal Innen, da hier ja der Fahrwasserwechsel war. Noch drei Kilometer wurden mir im Navigationsprogramm angezeigt, hinter der nächsten Biegung musste die Schleuse langsam in Sichtweite kommen.

Und tatsächlich, als wir um die Kurve bei St.Romain-au-Mont-d´Or bogen und im Bereich der Schleuse ankamen schob sich der Schubverband gerade in die Schleusenkammer rein, also kam zusätzlich noch etwas Warterei dazu. Ich hatte keine Lust in der Gegenströmung unterhalb vom Wehr zu kreuzen und entschloss mich dazu, am Warteponton anzulegen, von hier konnte man die Schleuse und die Lichtzeichen sehr gut sehen.

Aber der Aufenthalt und die Warterei war nicht so lange wie befürchtet und nach kurzer Zeit ging das Tor auf und die Ampel sprang für uns auf Grün. Nach der erfolgten Einfahrt ging es mit der Schleusung zügig hoch und oben angekommen anschließend weiter mit unserer Rückreise die Saône hoch.

Obwohl ich den Motor nicht über Eintausendachthundert Umdrehungen laufen ließ erreichten wir um halb zwei Uhr bereits das Städtchen Trévoux.

Dort, so hatten wir am Morgen beschlossen, sollte unsere Fahrt für heute Schluss sein und am nächsten Morgen wollten wir uns das beschauliche Örtchen etwas genauer ansehen. Mit dem Fernglas sah ich mir den Haltepunkt vor uns bei unserer Annäherung an. Der Ponton, direkt an einem Campingplatz gelegen, war mit drei Booten belegt, im vorderen Bereich war mehr als ausreichend Platz für drei oder vier weitere Boote unserer Größe.

Das passte perfekt und die *INGRINE* wurde mit langsamer Fahrt aus dem Fahrwasser an den Steg geführt.

Bei der Anfahrt zu dem Haltepunkt bemerkten wir einen Töpfermarkt am Ufer, der unterhalb vom Campingplatz an einem Spielplatz abgehalten wurde. Also gab es hier wohl heute auch noch etwas anzusehen.

Die *INGRINE* wurde ordentlich am Steg vertäut und das Landstromkabel verlegt und angeschlossen. Nach einem kleinen Snack und einer kurzen Dusche ging es nach der kleinen Pause erfrischt raus zu einem ersten Landgang. Laut unserem Flussführer wird der Haltepunkt vom Campingplatz betreut, wo wir unseren Obolus für den Liegeplatz zu entrichten hatten, so konnten wir den Gang über den Töpfermarkt und die Anmeldung des Bootes am Campingplatz miteinander verbinden.

Der Campingplatz war an der Uferfront durch einen Damm vom Fluss getrennt, auf dessen oberen Kamm ein befestigter Weg verlief. Zum Fluss hingewandt waren auf dem Campingplatz feste Holzbungalows aufgestellt, dahinter reihten sich ein gutes Dutzend Wohnwagen ein.
Wir folgten dem Weg entlang des Dammes und kamen an den Bereich des Töpfermarktes. Eine hier wachsende Baumreihe entlang des Damms warf einen dichten Schatten auf dem Weg, auf dem hier die Stände und auch vereinzelte Tische aufgebaut waren. Auf der anderen Seite der Baumreihe war ein Bouleplatz mit mehreren Feldern, auf denen auch verschiedene Gruppen gerade ihren Kampf um das Schweinchen ausfochten.
Der Töpfermarkt war von den angebotenen Artikeln her bunt durchmischt, es gab Kunstgegenstände, aber auch sehr viel Gebrauchskeramik wie Vasen, Schalen oder Teller. Die hier ausstellenden und verkaufenden Künstler kamen teilweise von weit her angereist, wie die Schilder an den einzelnen Ständen auswiesen. Viel Fantasie und Kreativität war bei den ausgestellten Töpferartikeln zu sehen, allerdings auch bei den Preisschildern. Es war kein Wunder, das an den Ständen nicht so viel Betrieb herrschte, der Betrachter blieb einen guten Meter auf Distanz.
Tatsächlich hatten wir auch einige uns gefallende Stücke gesehen, aber der Preis schreckte uns dann doch von einem Kauf ab.
Nach dem Besuch des Töpfermarktes nahmen wir den oberen Ausgang, sprich wir folgten einfach dem Weg weiter bis hoch an die Straße, um dort an einem Kreisverkehr anzukommen, der mit einer Blumenpracht herrlich dekoriert war.
Von links kam eine Straße dem Ufer folgend an den Kreisverkehr heran, um auf der anderen Seite den Verlauf der Saône zu folgen. Gegenüber zweigte eine kleinere Straße ab und verschwand hinter einem kleinen Gebäude, der Beschilderung nach führte der Weg zum Parkplatz des Lapins und dieser sei Gratis.
Den Häuserreihen auf der rechten Seite nach folgen ging es dort über irgendwelche Gassen dann hoch in die Altstadt.

Weiter hoch in die Stadt wollten wir aber heute nicht mehr, es war uns um sechszehn Uhr einfach noch zu warm dafür, den Hügel zu erklimmen.

Nach ein paar Fotos vom Kreisverkehr und von der Stadt im Hintergrund wurde kehrtgemacht. An der Außenterrasse eines Ausfluglokals entlang führte uns unser weiterer Weg zu der Rezeption des Campingplatzes, wo wir im Büro den Liegeplatz für unser Boot bezahlten.

Der Preis war sehr moderat und wir waren davon sehr angetan. Helga schnorrte sich dann noch eine Eiscreme, die sie sich aber selber bestellen musste, von mir bekam sie nur den Euro dafür gespendet.

Mit der eisschlürfenden Steuerfrau an meiner Seite wanderte ich die paar Meter bis zum Anleger zurück, um oben an Deck die restliche Sonne zu genießen, die um diese Zeit langsam wieder erträglicher wurde.

Später am frühen Abend zog noch ein Hotelschiff vorbei, allerdings fuhr es sehr langsam, da die Flussbiegung mit der zum Ende hin gelegenen Brückendurchfahrt keine höheren Geschwindigkeiten erlaubte.

So hatten wir vermutlich eine ruhige Nacht zu erwarten und brauchten keine Geschaukelei um Mitternacht zu befürchten. Eine gute Aussicht, die wir ebenso wie auch das vor uns liegende Stadtpanorama genussvoll aufnahmen. Mit Einbruch der Dämmerung wurden auch die bunten Lampions am Boot wieder aktiviert, die wir wie auch den Fähnchenschmuck noch nicht entfernt hatten, das hatten wir vor unserem Aufbruch aus Lyon schlichtweg vergessen oder nicht für nötig befunden.

Die Häuser der Stadt verschwanden langsam in der Dämmerung und wurden von der beginnenden Nacht aufgesogen. Hinter der Brücke waren am Ufer entlang wie auch an einigen Stellen oben in der Stadt Scheinwerfer angegangen, die die ganze Kulisse in gelbes Licht tauchten. Dazu kamen die bunten Kügelchen der Lichterkette auf unserer *INGRINE* und ab und zu auch die Lichter auf den vorbeiziehenden Frachtern oder dem zweiten Hotelschiff, dass später um halb neun Uhr die Saône hochkam.

Auf Grund des lauen Sommerabends wurde auch an dem heutigen Abend wieder, eigentlich so wie an den meisten Abenden an Bord der *INGRINE*, oben an Deck gegessen.

Die Hitze des heutigen Tages war der milden und kühleren Luft des Abends gewichen, dennoch hatten wir um zweiundzwanzig Uhr immer noch sechsundzwanzig Grad Außentemperatur, und das zu dem gerade beginnenden Frühsommer.

Unsere Gedanken waren den ganzen Abend bei Ralph und Anita an Bord der *OLIMAR*, die vielleicht gerade jetzt irgendwo südlich von Lyon oben an Deck saßen und wie wir den berauschenden Sternenhimmel betrachteten. Wir hätten die Beiden gerne weiter Richtung Süden und runter bis in die Provence begleitet, unserem Traumziel. Aber unser jetziger Urlaub hatte an diesem Tag seine Halbzeit erreicht und wir mussten bald wieder zurück zu unserem Liegeplatz im Hafen von Auxonne und wenig später wieder zurück nach Düsseldorf, unsere Arbeit ruft, man konnte sie manchmal in der Stille der Nacht bereits leise vernehmen.

Der Montagmorgen erwachte nach einer ruhigen und unspektakulären Nacht. Eine neue Arbeitswoche war angebrochen, aber zum Glück noch nicht für uns, wir hatten noch eine Woche Galgenfrist. In der Nacht passierten einige Schiffe unseren Liegeplatz, aber ob Frachter oder Hotelschiff konnten wir nicht angeben. Durch die Schiffe wurde man kaum gestört, aber dennoch hatte man sie unweigerlich registriert.

Der Himmel war am heutigen Morgen bedeckt, eine fast dichte Wolkendecke beherrschte den Himmel, aber es war warm und es sah auch nicht nach Regen aus.

Der früh genossene Kaffee schaltete unsere von der Nacht noch leicht müden Körper auf Entdeckermodus um und bereits um halb neun am Morgen ging es rein in das Städtchen zur Besichtigung.

Oder besser gesagt hoch in das Städtchen.

Da es an den letzten Tagen sehr schnell recht warm wurde hatten wir uns früh auf den Weg gemacht, um noch von der kühleren Luft zu profitieren, bevor die Hitze die Mauern wieder aufheizen würde.
Zudem war es unsere Absicht später nach der Stadtbesichtigung mit dem Schiff weiterzufahren und wenn es alles gut geht wollten wir es am Nachmittag noch bis nach Mâcon schaffen.
Nun gut, also runter vom Schiff und auf in die Mauern der Stadt zur Eroberung von Trévoux, zumindest touristisch.
Zu dieser frühen Stunde waren fast ausschließlich Berufspendler unterwegs, einige Lieferwagen und auch der eine oder andere Autobus mit Schulkindern fuhren über die Uferstraße, die wir kurz nach dem Verlassen der *INGRINE* erreichten.
Wir folgten ab dem Kreisverkehr der Uferstraße und begaben uns somit auf neue Wege.
Hinter dem alten Hospital führte die ehemalige Hauptgasse, ursprünglich als Straße von der Brücke herkommend, hoch in den Ort und querte nun unseren Weg.
Es wurde noch einmal tief Luft geholt, dann ging es den Hügel der Gasse folgend hoch in das Meer der zwanzig bis dreißig Häuser, die wir rechts und links entlang der Gasse erblicken konnten.
Der größte Teil des alten Ortskerns von Trévoux war renoviert und als Fußgängerzone hergerichtet worden. Entlang des Aufweges waren auf halber Höhe einige Blumenkübel aufgestellt worden, die gerade von den Gemeindemitarbeitern bewässert wurden. Sie dienten wohl auch als Straßensperre, damit hier keine Kraftfahrzeuge mehr entlangfuhren. Das wäre auch etwas verwunderlich gewesen, da dieser Bereich der Gasse mit leichten Stufen über die gesamte Fahrbahnbreite ausgestattet war, um den Aufstieg zu vereinfachen.
Oben angekommen hatten wir mit der Querstraße die ehemalige Geschäftsstraße erreicht, der wir nach rechts in Richtung Kirche folgten, nicht ohne vorher noch einmal zurückzuschauen, um den

Ausblick auf die Brücke, die in gerader Linie unten hinter uns lag, auf uns einwirken zu lassen.

Leider waren auch hier wie in vielen Städten in der Region sehr viele leerstehende Geschäfte zu sehen. An den Häuserfronten oder an den Markisen über den Läden konnte man den ehemaligen Beschriftungen die Gewerke entnehmen, die hier einst einen blühenden Handel unterhielten und die vor unbekannter Zeit ihren Betrieb eingestellt hatten.

Opfer der modernen Zeiten mit Supermarkt und Internet, wie es auch bei uns gang und gebe ist.

Das Hotel de Ville thronte am Hang unterhalb des Schloßhügels auf der linken Seite der Gasse und war wie die meisten Rathäuser in Frankreich schön herausgeputzt. Stolz wehte die Tricolore, die französische Nationalfahne über dem Eingangsportal, das durch eine zentrale Treppe erreicht werden konnte und dem ganzen Bild noch mehr majestätischer Würde verlieh.

Hoch am Giebel unter dem Dach waren die drei Wörter Liberté, Égalité und Fraternité im Stuck der Fassade eingearbeitet, die Devise und Losung, die ihren Ursprung in den Wirren der französischen Revolution hat. Die Wörter Freiheit, Gleichheit und Brüderlichkeit sind auch uns wohlbekannt, in Frankreich sind sie seit der fünften Republik Neunzehnhundertachtundfünfzig in der französischen Verfassung fest verankert.

Schräg gegenüber dem Rathaus stand die Kirche von Trévoux, auch für deren Besichtigung hatten wir die Strapazen des Aufstieges in die Oberstadt auf uns genommen. Leider konnten wir dann doch nicht in die Kirche zur Besichtigung, da hier gerade der Beginn einer Trauerfeier bevorstand. Vor dem Kirchenportal war seitlich von dem Eingang auf einem Pult ein Kondolenzbuch ausgebreitet, vor dem ein paar Trauergäste auf ihren Moment für einen Eintrag warteten.

Die Kirchturmglocke läutete die Messe ein und aus dem Rathaus kam der Maire, der an seiner in den Landesfarben gehaltenen Schärpe unverkennbar als Bürgermeister zu erkennen war.

Wir wollten die Totenmesse nicht stören, eventuell hätten wir noch vorher in die Kirche gekonnt, aber das lag uns dann doch nicht im Sinn. Dezent gingen wir an den Trauergästen vorbei und zogen uns von der Kirche in den Hintergrund zurück. Gegenüber dem kleinen Parkplatz an der Kirche stand ein eher unscheinbar wirkendes Haus mit einem zentralen Eingang, zu dem eine zweiflüglige Treppe hinaufführte. Unten an der Straße betrachteten wir eine Tafel unterhalb des älteren Gebäudes neben dem Rathaus, auf dem zu der Geschichte der Stadt einiges geschrieben stand:

Durch den Vertrag von Verdun wurde das Reich Karls des Großen achthundertdreiundvierzig aufgeteilt und ab da zum Römisch-Deutschen Reich gehörend spielte Trévoux als Grenzstadt eine wichtige Rolle an der Saône. Im dreizehnten Jahrhundert bekam Trévoux auch das Zollrecht für den Wegezoll der Schiffer auf der Saône verliehen, einige Zeit später wurde die Burg und die Stadtmauer errichtet.
Fünfzehnhundertsechzig wurde Trévoux, in der Zwischenzeit wieder zu Frankreich gehörend, Hauptstadt des Principauté de Dombes.
Am zwölften Dezember sechzehnhundertsechsundneunzig wurde das Parlament de Dombes von Lyon nach Trévoux verlegt und fand in diesem Gebäude seinen Sitz.
Unter König Ludwig XV fiel die Dombes im Jahre Siebzehnhundertzweiundsechzig endgültig an die französische Krone.
Danach war Trévoux von Siebzehnhundertneunzig bis Neunzehnhundertsechsundzwanzig eine der Unterpräfekturen des Departements Ain.

Dieser kleine geschichtliche Ausflug machte uns etwas nachdenklich, da das Örtchen gar nicht so wichtig aussah. Aber seine wichtige Bedeutung hing wohl doch mit der strategischen Lage an der Saône und der Brücke zusammen, die den Fluss hier querte.

Der Parkplatz vor der Kirche lag uns zu der Zeit der Betrachtung der Tafel im Rücken und am anderen Ende des Parkplatzes zum Fluss hin gab es eine Aussichtsplattform über die Saône, dessen Panorama wir uns nicht entgehen lassen wollten.
Wir überquerten den kleinen Parkplatz und standen vor einem Geländer im Hang. Von hier hatten wir tatsächlich eine weite Sicht über das Umland von Trévoux. Obwohl der Hügel, auf dem die Stadt errichtet wurde, einem vom Fluss aus gesehen gar nicht so hoch vorkam, hatte er doch eine alles beherrschende Position, womit einem der geschichtliche Hintergrund dann wieder mehr verständlich wurde.
Unten an der Saône konnte man von uns aus gesehen rechts den Anleger beim Campingplatz erkennen, an dem die *INGRINE* auf uns wartete, etwa einen oder gar zwei Kilometer Luftlinie von unserem Standort entfernt.
Zur anderen Seite hin gewendet führte in einiger Entfernung eine moderne Brücke über den Fluss und verband den neueren Teil von Trévoux mit dem Umland auf der anderen Seite des Flusses. Über diese Straße wurde Trévoux auch an das Autobahnnetz von Frankreich angebunden, da die D 87 über einen kleinen Anschluss an die A46 verfügt, die als Zubringer an die A 6 dient, der wichtigen Nord-Südverbindung zwischen Paris und dem Mittelmeer.
Wir konnten uns nach einer Weile von dem Ausblick loseisen und spazierten weiter entlang der Hauptstraße durch den alten Ortskern. Die Straße mündete in einen kleinen Kreisverkehr. Auf der anderen Seite lag, unschwer zu verkennen, der neuere Ortsteil von Trévoux. Stilistisch und architektonisch war der Übergang von Alt nach Neu gut gemacht worden, hier hatte sich der Städteplaner wohl seine Gedanken dazu gemacht.
Oder besser gesagt von alt nach nicht ganz so alt, denn so neu sah das alles nicht aus.
Diesen neueren Teil wollten wir dann aber nicht mehr erkunden, obwohl er vielleicht auch seine schönen und interessanten stellen hat, uns lag es mehr an dem alten Städtchen.

Am Kreisverkehr drehten wir um und schlenderten, nachdem wir das Rathaus passiert hatten, in eine andere Gasse, die uns runter auf das Niveau der Saône führen sollte. An einer kleinen Bäckerei erstanden wir noch das obligatorische Baguette, um somit der heimischen Wirtschaft gehörig unter die Arme zu greifen.
Mittlerweile nahm der Betrieb in den Straßen auch zu, der Vormittag trieb die Leute zu ihren Einkäufen in den Ort.
Unterhalb der Kirche war unten an der Uferstraße ein neueres Gebäude errichtet worden, das sich bei näherer Betrachtung als museale Bibliothek zu erkennen gab.
Eine gläserne Fassade zierte das Gebäude, hinter der auf übergroßen Plakaten Ausschnitte von Texten der großen französischen Literatur ausgestellt waren.
Damit hatte das Haus eine hochmoderne Gebäudefront, die sich aber unaufdringlich in die Nachbarschaft der älteren umliegenden Gebäude einreihte.
Auch das war in unseren Augen gut gelöst worden, es muss nicht immer glänzendes Blech sein.
Entlang der kleinen Baumreihe unten am Spielplatz, dort, wo am Vortag der Töpfermarkt die Bewohner aus ihren Häusern und Wohnungen gelockt hatte, ging es für uns zurück zum Anleger.
Die *INGRINE* wartete dort bereits ungeduldig auf unsere Rückkehr. Wir begaben uns an Bord und verstauten das Baguette in dem dafür vorgesehenen Brotbeutel.
Die Kirchturmglocke glockte halb elf, Zeit für unsere Weiterfahrt.
Die Ausgehkleidung für den überstandenen Landgang wurde gegen die legerere Bordkleidung eingetauscht, so war es für uns beim Fahren wesentlich bequemer, besonders wenn es wieder so warm werden sollte.
Der Motor wurde angelassen und das Bordnetz zurück auf Eigenversorgung umgeschaltet. Nachdem Helga das Landstromkabel eingeholt und verstaut hatte wurden die Taue gelöst und langsam ging es wieder auf Weiterfahrt.

Beim Landgang hatten wir vom Aussichtspunkt oben in der Stadt einige Boote sehen können die an Trévoux vorbeikamen, aber nach unserer Abfahrt war auf dem Wasser nicht mehr viel Verkehr unterwegs und wir kamen auf unserem Törn sehr gut voran.
Kurz vor Villefranche-sur-Saône begegneten wir wieder den Sandfrachtern, die uns tiefbeladen entgegenkamen.
Das Wetter war uns weiter gnädig, der Himmel war zwar durchwachsen bewölkt, aber es blieb trocken und es war angenehm warm, ideales Wetter zum Fahren.
Teilweise zogen gewaltige Wolkenformationen quer über uns über den Himmel, aber alle Wolken zogen ausnahmslos an uns vorbei. Pünktlich zu Mittag kam um zwölf Uhr Montmerle in Sicht und wir entschlossen uns dort für einen Zwischenhalt für unsere kleine Mittagspause.
Wie bereits am Tag zuvor in Lyon schob sich ein großer Schubverband an uns an unserem Liegeplatz zur Mittagspause vorbei, getrieben oder besser gesagt geschoben von der *DANUBE,* der Donau, einem gewaltig aussehenden Schubschiff.
Nach dem Landgang am Vormittag in Trévoux waren wir etwas müde und geschafft und so tat uns die Mittagspause hier in Montmerle richtig gut. Aber dennoch ging es eine Stunde später auf unsere Weiterfahrt.
Eine weitere Stunde später näherten wir uns der Schleuse Dracé, der einzigen Schleuse, die heute auf unserem Weg lag und die es zu passieren galt.
Die Zufahrt zur Schleuse war durch eine Kurve verdeckt und ich fuhr diese weit aus, um nicht von einem entgegenkommenden aus der Schleuse ausfahrenden Schiff überrascht zu werden. Im Flussbett selber versperrte uns auf gleicher Höhe der Schleuse der Damm die Weiterfahrt.
Vor der Schleuse mussten wir dann halten, ein Frachter schob sich gerade in die Schleusenkammer hinein und oben wartete ein Hotelschiff auf die Passage in der Gegenrichtung.

Am Warteponton im Schleusenvorhafen lag bereits ein Boot, ein Holländer mit seinem Boot *LA VIE*, wie sich dann später herausstellte.

Ich kreuzte mit der *INGRINE* einen kurzen Moment in der Vorschleuse, um zu sehen, ob am Warteponton noch Platz für uns wäre, aber dem war leider nicht so. Die Ausfahrt aus der Schleuse war lang und schmal, daher wollte mich gerade nach hinten abfallen lassen, um unterhalb vor der Schleuse in der Fahrrinne zu warten, als wir vom Holländer längsseits gewunken wurden.

Wir sollten dort im Päckchen an seinem Boot Anlegen und den Schleusenvorgang der anderen Schiffe abwarten, bot es uns an. Das war natürlich ein gerne gesehenes Angebot, das wir auch sofort annahmen.

Helga übergab das Tau am Bug, dann ließ ich mich abwärts treiben und die *INGRINE* legte sich somit an die *LA VIE*.

Rasch kamen wir mit dem Pärchen ins Gespräch, Reiseziel und Herkunft wurden ausgetauscht, ein nettes Gespräch unter Gleichgesinnten. Der Holländer wollte über den Rhein-Rhône-Kanal heimfahren, da der Tiefgang der *LA VIE* die Fahrt über die Vogesen nicht erlaubte. Er wolle heute noch bis nach Mâcon kommen, um dort auch für den Rest der Strecke bis zum Rhein zu tanken.

Die Flußtankstelle in Saint-Jean-de-Losne kannte er scheinbar nicht und ich berichtete ihm davon. Da er diese Tankmöglichkeit auf seinem Weg kreuzt und diese dort wesentlich näher vor der Einfahrt in den Rhein-Rhône-Kanal lag war es dort eigentlich für ihn günstiger. Von Mâcon bis zum Rhein-Rhône-Kanal würde er auch den Bedarf einer Tagesetappe an Sprit verbrauchen, die er so zusätzlich zur Verfügung hätte. Ich zeigte ihm die Lage der Tankstelle in meiner Karte und der Holländer war froh über die vielen Informationen, die ich ihm zum weiteren Verlauf seiner Reise in Richtung Rhein-Rhône-Kanal geben konnte, das war ja praktisch unser Heimatrevier.

Auf diese Weise hatten wir beide von dem gemeinsamen Aufenthalt am Warteponton profitiert, wir hatten einen guten Warteplatz er-

wischt und er einige vielleicht nützliche Tipps für seine weitere Reise erhalten.
In der Zeit unserer Unterhaltung war das Hotelschiff geschleust worden und kam nun langsam unten aus der Kammer herausgefahren. Die an Bord befindlichen Fahrgäste, also Touristen auf ihrer Reise in den Süden, schauten uns aufmerksam an, als ob wir zum Unterhaltungsprogramm der Reederei auf ihrer Fahrt gehörten.

„Bitte nicht füttern" kam mir noch in den Sinn.

Nach der Vorbeifahrt des Kolosses lösten wir unsere Taue und ich fuhr als erstes Boot in die Schleusenkammer ein, der Holländer folgte mir kurz darauf mit der *LA VIE*. Die Schleusung ging zügig von statten und nach der Ausfahrt aus der Schleuse ließ ich die *LA VIE* uns oberhalb der Schleuse wieder passieren, da er mit Sicherheit schneller unterwegs war als wir mit unserer alten Dame fahren wollten.
Ein letzter Gruß von Bord zu Bord, dann überholte er uns in einem großen Abstand und rauschte die Saône hoch.
Es war jetzt früher Nachmittag und wir begannen langsam mit unserer Überlegung, wo wir unseren Übernachtungsplatz suchen wollten. In Crèches-sur-Saône hatten wir auf der Hinfahrt einen schönen Anleger gesehen, der in einer kleinen Bucht gelegen war. Damit war der Halteplatz seitlich ausreichend weit weg vom Fahrwasser entfernt, das sollte uns dort ruhig Übernachten lassen. Bis dorthin waren es noch etwa zehn Kilometer ab der Schleuse Dracé, entsprechend einer guten Stunde Fahrt, somit wäre heute kurz vor vier Uhr Feierabend für uns.
Auf der anderen Seite würden sich mit einem Halt in Crèches-sur-Saône die Etappen an den folgenden Tagen etwas vergrößern, da wir ursprünglich geplant hatten, wieder in Mâcon in den Hafen zur Übernachtung einzulaufen. Die Überlegung war also folgende: Crèches-sur-Saône war noch eine knappe Stunde von uns entfernt, bis Mâcon würden wir noch eine weitere Stunde benötigen.

Es folgte eine kurze Beratung mit der Besatzung und wir entschieden uns mit fünf zu zwei Stimmen für eine Weiterfahrt bis nach Mâcon. Der Hafen dort war groß genug und wir würden mit Sicherheit einen Platz für die *INGRINE* finden, auch wenn wir etwas später dort eintreffen würden. Zudem war das Hafenamt bis Neunzehn Uhr geöffnet, wie wir von der Hinreise her wussten.
Somit war das geklärt und unsere Fahrt durch die warme Nachmittagssonne konnte wieder voll genossen werden.
An der Engstelle auf Höhe der Île des Chanillons kam uns, wie auch auf der Hinfahrt, die Excellence Rhône entgegen, die auch hier wieder die Fahrt vermindern musste, um das lange Hotelschiff sicher um die Kurve zu bekommen. Darüber war ich froh, somit wurden wir nicht sosehr durchgeschaukelt.
Wir passierten einige Zeit später Crèches-sur-Saône, dort am Steiger lag nur ein einzelnes Boot. Der Halteplatz sah wirklich sehr einladend aus und in meiner Karte wurde ein entsprechender positiver Vermerk eingetragen.
Kurz darauf kündigte sich die Region von Mâcon mit ihren vielen Storchennestern an. Überall in den Bäumen sah man Jungvögel in den vielen Nestern, die auf ihre Versorgungsflieger warteten.
An der Brücke der Schnellbahntrasse kurz vor Mâcon kam uns dann noch ein weiteres Hotelschiff entgegen, aber die Saône war an dieser Stelle sehr weit und so hatte ich an dieser Stelle keinen Stress mit dem flotten Dampfer.
Und dann kam unser Tagesziel für heute in Sicht, zum ersten Mal konnten wir das Stadtpanorama von Mâcon aus der südlichen Perspektive erleben. Beeindruckend und wunderschön, so wie wir es bei unserem Besuch der Stadt vor zwei Jahren erlebt hatten, lag Mâcon vor uns.
Wir querten den Stadtanleger, der mit einigen Booten belegt war, zwei belgische Boot lagen sogar nebeneinander auf Päckchen, was hier aber eigentlich ausdrücklich verboten und auf der Infotafel am Steiger vermerkt war. Auf dieser Höhe drehen die Hotelschiffe, die unterhalb vom Stadtanleger einen eigenen Steiger hatten, und der

Abstand zwischen dem drehenden Schiff und den Liegern am Steg war nicht sehr groß. Wir hatten das hier einmal mitten in der Nacht miterlebt, als ein Hotelschiff auf Fahrt ging.
Aber das müssen die Kapitäne der Privatfahrer schließlich selber wissen. Es kann auch sein, dass sie am Abend von der Gemeindepolizei vertrieben werden, da diese auch den Steg kontrolliert. Hier war die Liegezeit auf drei Tage begrenzt, dafür war das Liegen allerdings auch kostenlos.

Und ohne Strom.

Und ohne Wasser.

Aber es ist immer wieder interessant, wie Hinweistafeln und Gebot- und Verbotsschilder missachtet werden.
Und wenn Informationen auf einem Schild stehen, auf dem in großen Buchstaben Information steht, dann sollte man sich auch dort informieren.
Wir folgten unserem Kurs weiter nordwärts und unterquerten die alte historische Brücke von Mâcon und folgten der Fahrrinne entlang der Untiefen bei St. Laurent-sur-Saône. Hinter der Mündung der Dérivation näherten wir uns der Einfahrt zum Hafen, die aber von Süden herkommend nicht sehr gut einzusehen war.
Gegen siebzehn Uhr trafen wir im Hafen ein und belegten dort einen Platz für die Nacht, diesmal an der Stelle, wo auf der Hinfahrt die *OLIMAR* gelegen hatte.
Ich schnappte mir meinen Bootsschein und machte mich auf in die Capitainerie zur Anmeldung, Helga blieb an Bord zurück und wollte Duschen.
Oben im Büro traf ich den Holländer der *LA VIE* wieder, den wir in Dracé an der Schleuse getroffen hatten.
Er hatte etwas Schwierigkeiten beim Einklarieren, da er kein Französisch sprach und mit seinem niederländischen Englisch nicht so richtig verstanden wurde.

Der Holländer wollte für zwei Tage hier im Hafen liegen und es war mir ein Vergnügen, für ihn sein Anliegen zu übersetzen.
Ich erklärte ihm auch die Funktion des elektronischen Schlüssels, da er das mit dem Token nicht überhaupt nicht kannte.
Zusammen sind wir dann nach dem Erledigen des Papierkrams zu unseren Booten zurückgegangen, aber dort trennten sich dann unsere Wege, er wollte mit seiner Frau noch in die Stadt zum Einkaufen. Ich erklärte ihm noch den Weg und empfahl ihm den Auchan auf der anderen Seite des Parks, da ich mir sicher war, er wollte oder müsste einen größeren Einkauf in Mâcon tätigen.
Wir verabschiedeten uns voneinander und wünschten uns gegenseitig eine gute Weiterfahrt.

Wer weiß, ob man sich jemals wieder begegnet?

Nun konnte ich mir oben an Deck endlich mein verdientes Glas Rosé gönnen, Helga gesellte sich dann kurz darauf zu mir. Wir waren mit unserer heutigen Tagesleistung zufrieden, hatten wir es doch trotz der Besichtigung von Trévoux am Morgen noch bis hierhin geschafft. Der heutige Eintrag ins Bordbuch wurde geschrieben und dann erfolgte noch einmal ein Blick in den Etappenplan, morgen sollte es hoch nach Chalon gehen, unserem nächsten Etappenziel auf der Rückreise.
Das tägliche „Was essen wir denn heute" erfolgte und die Beratungen dazu erbrachten, ein weiteres Mal den Grill anzuschmeißen. Das gute Wetter musste auch ausgenutzt werden, wenn es denn schon so schön warm war.
Nach dem Essen sind wir dann kurz vor einundzwanzig Uhr noch zu einem kleinen Rundgang aufgebrochen, um uns noch etwas die Füße zu vertreten. Dabei konnten wir das Umfeld von dem neuen Hafen noch etwas näher kennen lernen, dazu waren wir auf der Hinreise nicht gekommen.
Dazu hatten wir auf der Hinfahrt ehrlich gesagt keine Lust gehabt, es war uns vor einer Woche auch einfach zu warm dazu gewesen.

Das Areal vom Hafen wie auch der Bereich oben an der Straße war sehr gepflegt, überall waren Blumenbeete mit Lavendel, Oleander und anderen südlichen Pflanzen angelegt worden. Wir spazierten den Gehweg entlang, der durch einen dieser Blumenbeete von der eigentlichen Straße getrennt war. Unten an der Zufahrt zum Hafengelände kamen wir an einem Park vorbei, der die andere Seite des Hafenbeckens begrenzte.
Eine riesige Grünfläche lag hier am Rande des Hafens und der Stadt, die an den Wochenenden bestimmt etliche Einwohner hierhin unter den Schatten der Bäume locken würde.
Es war noch ausreichend hell und auch noch nicht so spät, also zog es uns noch in den Park, um ihn weiter zu erkunden. Kleinere Baumgruppen säumten die Wiesenflächen wie Inseln im Wasser. Die Baumgruppen dienten bestimmt als Schattenspender und man konnte sich die Picknickgelage darunter förmlich vorstellen. Auf den Freiflächen sah man im Geiste Kinder mit Bällen spielen, überall war reges Treiben.

Ob dem tatsächlich so ist?

Dazu müsste man hier im Sommer am Wochenende erneut vorbeischauen, um das zu prüfen.
Wir marschierten weiter den Weg entlang und erreichten bald die Nähe einer Straße auf der anderen Seite des Parks. Am anderen Ende angekommen standen wir nun an einer Ausfallstraße, die zweispurig aus der Stadt kommend nach einer Kreuzung hinter einem Hügel verschwand. Die Route National N 6 war aber so weit vom Hafen entfernt war, dass man dort keinerlei Lärm vom Autoverkehr mitbekam.
Gegenüber der Kreuzung lag ein größerer Supermarkt der Firma Auchan, falls man sich hier mit Getränken oder Lebensmittel eindecken musste oder wollte.

Wir betrachteten noch eine Weile den Betrieb auf der Straße und drehten dann um, es war langsam an der Zeit, zum Boot zurückzukehren.

Die Entscheidung für die Umkehr hatten wir gut abgestimmt, denn langsam wurde es dunkler und wir mussten noch den Park durchqueren, um zurück zur *INGRINE* zu gelangen.

Das stelle aber kein Problem für uns dar, denn die Wege am Rande der Parkanlage und entlang des Hafenbeckens waren gut beleuchtet und es war angenehm, bei der lauen Luft die Düfte von dem gemähten Gras der Parkwiesen und dem Lavendel der Blumenbeete zu riechen.

Wir waren aber nicht die einzigen Leute, die hier unterwegs waren als wir durch den Park spazierten, wir begegneten zwei oder drei weiteren Pärchen, die eine ähnliche Idee hatten wie wir.

Im Hafengelände war entlang der Stege die bläuliche Beleuchtung wieder eingeschaltet worden, was dem ganzen Hafen einen besonderen Glanz verlieh. An der Capitainerie angekommen schauten wir uns noch die Sozialräume kurz an, die ebenfalls einen sehr sauberen und ordentlichen Eindruck machten.

Durch das mittlerweile verschlossene Tor gelangten wir nach der Freischaltung der Türe mit dem Token wieder in den inneren Bereich der Anlage und gingen die letzten paar Meter zur *INGRINE* runter.

Wir saßen noch eine Weile oben an Deck und genossen die restliche Wärme des endenden Tages, bevor es dann zur Nachtruhe nach unten in die Kojen ging.

So begann dieser Tag mit einer Stadtbesichtigung und endete mit einem schönen Spaziergang am Abend, was wollte man mehr?

Zwangsstopp durch die Gendarmerie Nationale

Am nächsten Morgen machten wir uns um acht Uhr für unsere heutige Tagesetappe fertig. Wir hatten eine stramme Strecke geplant und wollten es heute bis nach Chalon-sur-Saône schaffen. Durch diese Planung lagen sechzig Kilometer vor uns, das entsprach sechs Stunden Fahrt plus die Zeit für die Schleusung in Ormes, die wir zusätzlich zu passieren hatten.
Das war als Etappe schon viel aber eigentlich sollte das schon zu schaffen sein. Den Liegeplatz zum Abend im Hafen von Chalon könnte ich je nach Bedarf telefonisch reservieren, falls wir nicht zügig vorankommen sollten, dort im Hafen von Chalon waren wir bereits mehrfach gewesen und in der Capitainerie waren wir mit der *INGRINE* im Computer registriert, das sollte kein besonderes Problem darstellen.
Ich machte die *INGRINE* abfahrtbereit während Helga den Token für die Tore der Hafenanlage nach oben zum Hafenamt brachte und dort in den Briefkasten warf, so brauchten wir nicht bis neun Uhr warten, wenn die Belegschaft im Büro dort den Betrieb aufnahm.
Wie bei jeder Abfahrt wurde der Motor etwas vorher gestartet und anschließend das Stromkabel eingeholt. Es erfolgte das übliche Umschalten des Gefrierschrankes vom Landstromkreis auf das Bordnetz und dann wurden die Festmacher zum Ablegen vorbereitet. Helga kam im richtigen Augenblick zurück und so hieß es dann „Leinen los".
Um die frühe Zeit waren die Holländer noch nicht wach, wir wollten uns gerne von ihnen verabschieden, aber an Bord der *LA VIE* war noch alles still, auch als unser Motor ansprang tat sich dort nicht viel.

Um niemanden zu stören steuerte ich die *INGRINE* in Schleichfahrt aus dem Gastliegerbereich des Hafens und nahm erst unten am Fluss etwas mehr Fahrt auf.
Heute würde es wieder ein heißer Tag werden, daher war es auch gut, uns so früh auf den Weg zu begeben. Die Uhr zeigte gerade acht Uhr an, als wir uns dem Fluss näherten.
Bei der Ausfahrt auf die Saône musste ich sehr weit auf die andere Seite wechseln, um einen Blick auf mögliche entgegenkommende Schiffe zu bekommen, die hier um die Insel von Saint Jean steuern müssen. Dabei war ich scheinbar zu weit neben dem Fahrwasser geraten, hier lagen keine Tonnen, und dann war es passiert. Ein Rumpeln ging durch die *INGRINE* und im selben Moment wurde das Schiff spürbar langsamer.
Sofort stellte ich den Gashebel auf neutral, da ich im ersten Moment keine Ahnung hatte, was nun passiert war. Mein erster Gedanke war Getriebeschaden, da sich der Motor normal anhörte und selber auch rund lief.
Helga war in der Zwischenzeit nach Draußen gegangen, um nach Ölspuren Ausschau zu halten, die von einem möglichen Schaden herkommen könnten, meldete mir aber sofort schlammiges Wasser hinter uns an den Kommandostand.
Mein Echolot meldete mir hier aber nach wie vor knapp zwei Meter über Grund, das passte jetzt alles nicht so richtig zusammen. Vermutlich waren wir wohl auf eine Sand- oder Kiesbank aufgelaufen oder hatten diese leicht gestreift. Die *INGRINE* trieb zu diesem Zeitpunkt vom Schwung der Fahrt noch weiter vorwärts, also waren wir auch sofort wieder freigekommen.
In meiner Flusskarte war hier keine Untiefe verzeichnet, auch nicht außerhalb vom Fahrwasser und wir waren gut zwanzig Meter vom Ufer entfernt. Vielleicht war ich auch nur einfach etwas abgelenkt gewesen, da ich noch ein paar Fotos von unserer Abfahrt gemacht hatte?

Pech gehabt, aber zum Glück ist außer dem gehörigen Schreck nichts passiert.
Vorsichtig gab ich Schub für Langsamfahrt voraus und steuerte die *INGRINE*, mich am Navigo-Programm orientierend, in das Fahrwasser zurück.
Auf meinem Laptop lief auf großer Fahrt immer ein Navigationsprogramm mit, denn dort wurde mir das optimale Fahrwasser angezeigt und die INGRINE per GPS-Signal eingeblendet, das war immer eine gute Hilfe in unbekannten Revieren.

Den kritischen Bereich nach der Hafenausfahrt hatte ich mir dann später in meiner Karte eingetragen, das sollte uns dort nicht noch einmal passieren.
Auf einem Baum an der Île St.Jean konnten wir kurz darauf ein letztes Mal einen Blick auf eines der vielen Storchennest der Region werfen, ab hier werden die Störche seltener zu sehen sein, da wir das Gebiet der unzähligen Kiesbaggerseen nun verlassen würden.
Die Fahrt verlief ab hier zum Glück ohne weitere Vorkommnisse und schnell stellte sich wieder das sichere Gefühl auf dem Boot ein.
Die erste Zeit nach der Grundberührung lauschte man auf jedes abnormale Geräusch vom Motor, es dauerte schon eine Weile bis man sich wieder voll entspannen konnte.
Helga schaute sich später die Karte auch noch einmal an und konnte auch keinen Fehler am Kurs erkennen. Auf der Höhe des Malheurs war keine Untiefe oder etwas Anderes verzeichnet.
Eineinhalb Stunden nach unserer Abfahrt aus Mâcon erreichten wir den Abzweig zum Canal de Pont de Vaux, hier kam uns am heutigen Tag der erste Privatfahrer entgegen, eine Segelyacht aus Belgien mit aufgelegtem Mast, dicht gefolgt von einem Schubschiff, das zum Überholen ansetzte.
Wer wohl zuerst an der nächsten Flussbiegung ist? Auf Dauer wird wohl das Schubschiff die Nase vorne haben.
Entlang des Uferbereiches lagen vor dem Abzweig an Steuerbord Sumpfstreifen auf einer Länge von vier Kilometern, auf dem sich

die üblichen Wasservögel die Zeit mit Futtersuche vertrieben. Das Flüsschen La Reyssouze mündete kurz vor dem Kanal in die Saône und bildete durch Ablagerungen die Île de Brouard, ein ideales Quartier für allerlei Getier.
Hier hatten wir das Glück, einen schwarzen Schwan zu erblicken, der natürlich für einige Fotos (ungefragt) herhalten musste. Eigentlich hat der Trauerschwan in Europa kein natürliches Vorkommen, laut Literatur gibt es bei uns nur ausgesetzte oder verwilderte Exemplare, und wir waren überrascht, einen davon hier zu sehen. Mehrfach wurde er abgelichtet und eine Weile mit dem Fernglas beobachtet bis wir sicher waren, uns nicht verguckt zu haben. Es war kein Kormoran, und auch kein grauer Jungschwan, da waren wir uns Beide sicher.
Vom Canal de Pont de Vaux kam ein Mietbootfahrer aus der Schleuse und reihte sich hinter uns ein, aber kurz darauf setzte er bereits zum Überholen an.
Ich ließ ihn gewähren, da ich unsere gemütliche Fahrt nicht in ein Wettrennen verwandeln wollte.
Gegen halb elf passierten wir bei La Truchère die Mündung der Seille und zwei Kilometer weiter, nach der Kurve bei Kilometerpunkt einhundertsieben, kam in der Ferne die südliche Brücke von Tournus in Sicht.
Das schöne Panorama von Tournus mit der Abtei im Hintergrund wurde sichtbar und wuchs mit jedem Meter, den wir uns der Stadt näherten, heran und wurde größer und größer.
Hier in Tournus hatte es uns beim ersten Aufenthalt vor zwei Jahren so gut gefallen, dass wir kurzentschlossen einen zusätzlichen Liegetag eingeschoben hatten.
„Prima, da sind wir ja bis jetzt gut vorangekommen, dann wird es auch nicht so spät bis zu unserer Ankunft in Chalon-sur-Saône", so unsere Gedanken.

Aber es sollte anders kommen.

Kurz vor der Nordbrücke stimmte etwas nicht vor uns, da lagen mehrere kleine Boote im Wasser und am Ufer wurde weitere Boote zu Wasser gelassen. Blaulicht blitzte an einem Boot auf, erst jetzt bemerkten wir die vielen Feuerwehrfahrzeuge am Ufer, die vorher durch Bäume verdeckt waren. Wir mussten auf Höhe des Stadtanlegers die *INGRINE* aufstoppen, hier waren Polizeitaucher im Wasser, die Durchfahrt war verboten und durch Polizeiboote versperrt worden.

Wir hatten keinerlei Information, was der Grund für diese Aktion war und wie lange die Sperrung anhalten würde, wir dachten in diesem Moment sogar noch an eine Übung.

Am Steg war ein guter Platz frei, so legten wir dort an, um dort die verfrühte Mittagspause zu verbringen und nicht die ganze Zeit im Fahrwasser kreuzen zu müssen.

Am Steg lag unter anderem die uns bereits öfters begegnete *LEO*, ein alter umgebauter Frachter einer Schweizer Eignergemeinschaft, das aber unter Niederländischer Flagge fährt. Die Crew machte aber wie gewohnt keinerlei Anstalten, beim Anlegen die Taue anzunehmen, wie es bei Skippern üblich ist, ein kurzer Gruß war alles, was uns an Freundlichkeit von dem Boot entgegenkam.

Das hatten wir bereits öfters bei diesem Boot so mitbekommen und wir waren nicht die einzige Crew die das so beobachtet hatte, ein untypisches Bild für die doch sonst so weltoffenen Bootsfahrer auf Frankreichs Kanälen und Flüssen.

Wie auch immer. Wir hatten unseren Platz im mittleren Bereich am Steg eingenommen, vor uns war noch Platz für ein weiteres Boot, falls noch eins eintreffen sollte. Wir konnten uns auch an das Landstromnetz anschließen, da mehrere Steckerplätze nicht belegt waren, somit konnte ich den Motor abgestellt werden und den Gefrierschrank während der Dauer unserer Zwangspause auf Landstrom umschalten. Der Liegeplatz hier in Tournus inklusive Strom und Wasser ist kostenlos, aber auf drei Tage begrenzt.

Oberhalb der Brücke ging die Suchaktion der Taucher im Wasser derweil unvermindert weiter, begleitet von Martinshörnern und

Blaulichtern der Rettungswagen, die verschiedene Punkte an den beiden Ufern aufsuchten. Am gegenüberliegenden Ufer wurden Bojen im Wasser ausgesetzt und zwei Taucher trieben nun an der Wasseroberfläche, um von einem der Rettungsboote in Ufernähe aufgenommen zu werden.

Die ganze Aktion im Wasser dauerte gut eine Stunde, bis die Polizeiboote die Fahrrinne wieder freigaben. Wir hatten es uns an Deck mit ein paar Snacks in der Sonne schön gemütlich gemacht und nun keine Lust mehr zur Weiterfahrt. Spontan wurde unser Plan geändert, heute bleiben wir hier in Tournus.

Die *LEO*, das Boot der Schweizer Eignergemeinschaft, fuhr nun ab, wie auch zuvor ohne die anderen Skipper weiter zu beachten oder die Hand zum Winken zu erheben.

Man könnte auch einmal Grüßen, es sei denn man ist sich zu fein dazu!!

Die Aktion im Wasser war wohl doch noch nicht ganz beendet, da nun Irgendetwas unter Wasser von den Tauchern an Ballons befestigt vom rechten Ufer auf die andere Flussseite an die Kaimauer gebracht wurde, die ganze Zeit begleitet durch ein Polizeiboot mit eingeschaltetem Blaulicht.

Das Geschehen am Ufer wurde wieder spannender, die bisherige scheinbare Ruhe dort war zu Ende. Unter Polizeieskorte wurde ein Kranwagen durch den Ort geleitet, der dann von der Straße hinter der Brücke runter an die Kaimauer gefahren kam und sich an der Mauer platzierte und seinen Ausleger über das Wasser in Position brachte.

Das dies keine Übung war, davon waren wir schon eine ganze Weile überzeugt.

Der Kranhaken wurde zum Wasser herabgelassen und verschwand kurz darauf unter der Wasseroberfläche. Wenige Momente darauf wurde ein Auto vom Kran aus dem Wasser gezogen.

Nun verschlug es uns dann doch den Atem, war dort etwa etwas Schlimmes passiert?

Nach Recherchen konnte ich im Internet am nächsten Tag in den lokalen Nachrichten lesen, dass ein Schweizer Tourist sein Auto nicht richtig gesichert hatte und dass dieses dann von einem Parkplatz in die Saône gerollt war. Zu diesem Zeitpunkt war das Auto zum Glück leer denn die Touristen waren auf einem Rundgang in der Stadt unterwegs. Aber das konnte in dem Moment, als der Wagen ins Wasser rollte, niemand wissen, daher wurde der Fluss gründlich von den Tauchern nach möglichen Verunglückten abgesucht.
Was das wohl für ein schön gewaltiger Schreck für die Touristen gewesen war, als diese müde nach ihrer Besichtigung aus der Stadt kamen und nach Hause oder zu ihrem Hotel wollten und das Auto war nicht mehr dort wo man es abgestellt hatte.

Dafür war es aber nun frisch gewaschen...

Nachdem die Schifffahrtssperre aufgehoben wurde kam nun der erste Frachter die Saône hoch, die *KOUMAC*, der wir schon öfters auf unseren Reisen begegnet waren.
Die Rettungskräfte bauten ihre Gerätschaften ab und die Schaulustigen auf der Brücke und an den Uferbereichen verliefen sich in der Stadt.
Kurze Zeit darauf sah alles so aus, als ob hier nichts geschehen wäre.
In der Zwischenzeit war es langsam erträglicher in der Hitze und so machten wir uns auf zu einem Stadtbummel. Es war kurz nach sechzehn Uhr, eine perfekte Zeit für einen Bummel.
Die Hauptstraße verlief parallel zur Saône hinter der ersten Häuserreihe und war schnell erreicht.
Von hier aus wollten wir hoch zur Abtei gehen. Für den Aufstieg bogen wir aber diesmal in eine andere Gasse ab, wir wollten mal

einen anderen Weg ausprobieren, nicht alle führen nach Rom, manche auf hoch zur Abtei. Oben kamen wir über den von uns gewählten Weg kurz vor dem Bahnhof an der Bahnstrecke aus.
Die letzten paar Meter führten uns an einem kleinen Park vorbei, im Hintergrund konnten wir zwischen den Häusern den Kirchturm erblicken und uns daran orientieren.
In der Abtei lief wie auch bei unserem ersten Besuch vor zwei Jahren Chorale Musik ab, leider habe ich nicht entdecken können, wo man, wie in vielen Kirchen möglich, für einen Euro die Musik starten konnte, da sie später aufhörte.
Wir hatten dann noch zum Dank für die erfolgreiche Herzoperation an unserem Enkel, die im letztem Jahr durchgeführt wurde, eine Kerze entzündet, das waren wir noch schuldig, das wollten wir ursprünglich in Chalon erledigen. Durch den eingeschobenen Halt in Tournus sollte der bisher geplante Halt in Chalon entfallen.
Auf dem späteren Rückweg zur *INGRINE* kamen wir an dem kleinen Supermärktchen vorbei, den wir beim letzten Besuch hier entdeckt hatten.
Ein paar Getränke und Kekse gesellten sich zu den wenigen Teilen, die wir hier einkauften.
Zurück an Bord gab es dann rund eine halbe Stunde lang die Diskussion „Was essen wir heute"?
Etwas Leichtes wegen der Hitze, etwa ein Omelett oder einfach nur einen Salat? Oder sollen wir oben in einem der kleinen Open-Air-Restaurants zum Essen gehen?
Wir konnten uns einfach nicht entscheiden. Letztendlich war es uns zu spät für die Bratpfanne und so trabten wir nach oben zu einem der Restaurant entlang der Straße. Die Lokale selber waren sehr klein und hatten keinen gescheiten Speiseraum, alles spielte sich draußen entlang der Ufermauer und auf dem Bürgersteig ab, wo mit Tischen und Stühlen ein Gastraum unter dem Himmel aufgebaut worden war.
Auf dem von uns angestrebten Tisch direkt an der Mauer mit Blick auf unsere *INGRINE* war leider ein Schildchen „Reserviert" aufge-

stellt, so mussten wir mit einem Tisch an der gegenüberliegenden Häuserfront vorliebnehmen.
Das Lokal war mit Sicherheit kein Anwärter für einen der begehrten Sterne aus dem Guide Michelin, aber hier hatten wir gute französische Küche zu akzeptablen Preisen erleben dürfen.
Die Tische entlang der Hausfront waren die üblichen recht kleinen Cafetische und standen eng beisammen, so hatten wir aber auch die eine oder andere lockere Unterhaltung mit unseren Nachbarn an den Nebentischen.

Kurz und gut: es war ein schöner Abend.

Um neun Uhr waren wir wieder brav an Bord der *INGRINE* zurück. Dort hatten wir uns dann noch eine Weile hochgesetzt und oben an Deck den Tag ausklingen lassen.
Wir hatten uns noch lange über den Tag und die Ereignisse hier in Tournus unterhalten. Morgen früh sollte unsere Fahrt weitergehen, Chalon sollte als Etappenziel ausfallen, dafür wollten wir der Waffelbäckerin von Verdun-sur-le-Doubs noch einmal einen Besuch abstatten.

Vom Nildeck aus konnten wir noch lange die inspirierende Uferpromenade mit der einsetzenden Straßenbeleuchtung genießen. Hinter unserem Ponton hatte in der Zwischenzeit, als wir oben im Restaurant zum Essen waren, ein Hotelschiff an dem dafür vorgesehenen Steiger angelegt, dessen Gäste sich nun bei einem Landgang unter die Spaziergänger mischte.
Ich weiß nicht, wie lange wir noch so draußen gesessen hatten, die letzten Bilder auf der Speicherkarte der Kamera waren auf jeden Fall von halb zehn am Abend.

Töpfermarkt in Trevoux

Ansicht vom Anleger auf Trevoux

Bergung des verunglückten Fahrzeuges in Tournus

Nach einem aufregenden Tag am Anleger in Tournus

Nordkurs

Genauso wie es am Morgen unseres ersten Aufenthaltes in Tournus vor zwei Jahren war gab es morgens um 6:15 bereits einen schönen blauen Himmel und die Wärme ließ uns einen schönen Tag erwarten.
Das war alles gut und schön, aber trotzdem mussten wir langsam an unsere Weiterfahrt denken.
Eine kurze Aktualisierung unseres Reiseplanes wurde vorgenommen, Chalon war ja durch unseren verfrühten Stopp hier in Tournus aus der Liste gefallen, damit hätten wir mehrere Alternativen für den heutigen Halt, Gergy, Verdun-sur-le-Doubs und Seurre waren die Kandidaten für heute.
Wir legten uns aber dennoch noch nicht fest, das sollte sich heute auf der Weiterfahrt ergeben.
Um acht Uhr war es dann soweit, nach dem Kaffee wurden die Festmacher gelöst und ab ging es, die Saône hoch Richtung Heimat.

Musste das denn wirklich sein??

Auf unserem Weg erwartete uns nach acht Kilometern bereits die Schleuse Ormes, bei der ich uns über Funk anmeldete, obwohl wir von dort aus sehr gut gesehen wurden, die letzten fünf Kilometer vor der Schleuse war ein fast gerades Teilstück.
Wir waren zu dieser frühen Stunde noch alleine unterwegs und aus der Gegenrichtung kam auch kein Verkehr, so konnten wir zügig in die Schleuse einfahren und hatten keine Wartezeit.
Bereits um halb zehn erreichten wir die alte Schleuse von Gigny-sur-Saône mit dem kleinen Hafen, irgendwann werden wir wohl auch dort einmal Anlegen und Rast machen.

Oberhalb der Schleuse 'überholten' wir ein altes Kutschengespann, das am Ufer auf dem Treidelpfad entlangfuhr. Ein ungewöhnliches, aber auch schönes Bild, das ich auf einem Foto verewigte.
In den Flussbiegungen bei Pont d´Ouroux bemerkte ich ein uns von hinten sehr schnell näherndes Boot, das eine dementsprechende Bugwelle vor sich herschob.
Wenig später konnte ich im Fernglas erkennen, dass es sich um ein flacheres Hausboot vom Typ Pedro Donky handelte, der Fahrweise nach wäre Donkey passender gewesen.
Die übergroße Fahne am Heck gab ihn als Holländer zu erkennen, der keinerlei Anstalten machte, die Fahrt etwas zu mindern, als er mit einem dichten Abstand zum Überholen ansetzte.
Der Raser kürzte die Kurven ab, ohne überhaupt einsehen zu können, ob ihm von oben ein Hotelschiff oder ein Frachter entgegenkommen würde. Seine hektische Fahrweise konnte ich zum Glück ausnutzen, um die *INGRINE* aus der Linie seines Fahrwassers heraus in einem weiten Kurvenbogen zu lenken, so kamen wir nicht direkt ihn seine Bugwelle. Dennoch wurden wir ordentlich durchgeschaukelt und im Geschirrschrank wurde der Inhalt lebendig, aber zum Glück ging nichts zu Bruch.

Idioten sterben einfach nicht aus.

Nach dieser unerfreulichen Begegnung mit diesem „Wassersportkollegen" verlief unsere weitere Reise zum Glück ohne solch einen weiteren Gastauftritt.
Um zwanzig Minuten vor zwölf unterquerten wir die Pont Jean-Richard und somit lag das Stadtzentrum von Chalon-sur-Saône vor uns.
Wir hatten uns nur kurz angesehen, nein, wir fahren weiter, alles ohne Worte.
Heute wollten wir das Wetter auf dem Fluss genießen. Einfach traumhaft lag die Saône mit ihrem blauen Wasser vor uns unter dem

blauen Himmel darüber, kein einziges Wölkchen war weit und breit zu sehen.
Unser erster möglicher Platz für den heutigen Stopp zur Übernachtung war der Anleger bei Gergy, den wir um zwanzig nach eins erreichten, aber so richtig konnte er uns nicht begeistern, es war uns auch noch zu früh für unseren Tagesschluss.

Zu nahe waren wir einem anderen alternativen Ziel für die Nacht:

Verdun-sur-le-Doubs.

Waffel, Eis und Sahne, wir kommen.

Bis zu dem beschaulichen Örtchen waren es von Gergy aus noch acht Kilometer und damit knapp eine Stunde Fahrt, damit lag unsere Ankunftszeit dort vor fünfzehn Uhr, eine perfekte Zeit für den dort zu erwartenden restlichen gemütlichen Tagesablauf.
Zwei Kilometer weiter wurde der Flussverlauf wieder etwas gerader und man konnte weiter vorrausschauen. Weit vor uns erblickten wir ein vorrausfahrendes Mietboot, dass wir wohl vor Verdun einholen würden.
Und genauso sollte es dann auch kommen, auf dem letzten Kilometer auf der Saône liefen wir auf das Boot auf. Ein Überholen, jetzt so kurz vor dem Tagesziel, hielt ich nicht für angebracht. Und noch war nicht klar zu erkennen, ob das Mietboot in den Doubs einfährt oder ob es der Saône weiter folgen würde.
Aber das Mietboot drehte an und fuhr vor uns in den Doubs hinein Richtung Hafen, und wir verlangsamt hinterher.
Nach der Umfahrung der Engstelle auf Höhe der Rue du Bac verlangsamte das Mietboot vor mir, um sich wohl einen Überblick über den Hafen zu verschaffen, der nun an Steuerbord vor uns lag.
Das Mietboot steuerte den freien Bereich auf der rechten Seite des Anlegers an, dort wo eigentlich die Plätze für die Dauerlieger sind,

und gab mir somit den Weg für unseren angestammten Platz auf der linken Seite des Pontons frei.
Die *INGRINE* wurde an den freien Stegbereich herangeführt und dann unmittelbar davor gedreht, damit rückwärts angelegt werden konnte. Die Steganlage hatte keine Finger, um seitlich aus einem Boot zu steigen, nur rückwärtiges Anlegen war hier in Verdun möglich.
Madame Common war in der Zwischenzeit aus der Capitainerie heruntergekommen, um die neu eingetroffenen Boote anzunehmen. Als sie uns erblickte grüßte sie kurz zu uns herüber, sie wolle lieber dem anderen Boot beim Anlegen helfen.
Da wir hier immer gut zurechtkamen stellte dies für uns kein Problem dar.
Um halb vier saßen wir bereits bei ihr oben auf der Terrasse und hatten unsere Bestellung bei ihr aufgegeben.
Die frühe Pause nutzten wir auch dazu, uns telefonisch in Deutschland nach dem Ausgang der kleinen Operationen zu erkundigen, die unser Enkel Juri und auch mein jüngerer Sohn heute über sich hatten ergehen lassen müssen.
Zum Glück waren diese harmlosen Eingriffe beide erfolgreich und ohne jegliche Komplikationen verlaufen. Der kleine Juri erfreute sich an der Menge Eis, die ihm den ganzen Tag zur Verfügung stand, Polypen sei Dank.
So von der guten Nachricht beruhigt schmeckte das Glace mit Sahne und der Rosé doppelt so gut.
Hier oben auf dem kleinen Platz an der Mauer neben der Capitainerie konnte man wirklich sehr gut sitzen und hatte einen phantastischen Ausblick auf den kleinen Flusshafen. Von hier konnte man den eintreffenden Booten ganz entspannt bei ihren Anlegemanövern zusehen.
Unser weiterer Reiseplan wurde grob durchgesprochen, es wurde nachgerechnet ob wir in der Zeit waren, oder ob wir uns spurten mussten.

Heute am Mittwoch waren wir in Verdun eingetroffen, am morgigen Donnerstag wollten wir die letzte Etappe weiter hoch bis nach Auxonne, was gut zu schaffen sei, dann könnten wir am Freitag den Markt dort besuchen, was wir immer gerne taten, wenn wir freitags vor Ort in Auxonne sind. Somit blieb uns der Samstag für das Aufräumen und für Klarschiff, am Sonntag sollte dann das Auto gepackt werden, dann mussten wir zurück nach Düsseldorf, am Montag rief die Arbeit laut nach uns.

Wir gingen nach erfolgreichem Abschluss der Kaffeerunde zum Boot runter und holten uns eine Einkaufstasche, da wir dem ATAC noch einen Höflichkeitsbesuch abstatten wollten.

Der geplante Einkauf beim Zwischenstopp in Chalon war am Vortag ausgefallen, daher wollten wir uns noch ein paar Kleinigkeiten für mittags besorgen, wenn der Hunger wegen der Wärme nicht ganz so groß war.

Und eine schöne neue Bratpfanne war auch noch drin, wie ich nach dem Einkaufen hinzufügen darf.

Der Rest des Abends gehörte dem Stadtpanorama und dem Sonnenuntergang.

Am folgenden Donnerstag war Markttag in Verdun und bereits um sieben Uhr morgens wurden die Marktstände aufgebaut, was auch nicht zu überhören war. Uns selber hatte das aber nicht gestört, da wir wie üblich früh aufgestanden waren.

Wir mussten uns tatsächlich noch einmal kurz zum ATAC aufmachen, da wir am Vortag etwas Wichtiges vergessen hatten.

Das stellte kein Problem dar, frisches Brot fehlte uns auch noch, wie wir am Abend zuvor feststellen konnten.

Nach der Rückkehr zum Hafen hatte ich die Tasche mit den wenigen Einkäufen runter ins Boot gebracht, während Helga oben auf dem Platz bereits die Auslagen der Marktstände begutachtete.

Hier konnte man wie auf französischen Märkten üblich von Gemüse und Obst, Stoffen, Bettmatratzen und kleinen Gebrauchsmöbeln und Haushaltswaren bis zu frischer Wurst, Käse und Brot alles bekommen, obwohl der Markt selber gar nicht so groß war.
Von dem aromatischen Geruch in der Luft angelockt betrachtete ich derweil die Auslagen beim Wurst- und Käsestand, von den Aromen bei den Backwaren ganz zu schweigen.
Helga interessierte sich an einem der Kleiderständen noch für zwei Sommerkleider bei einem der Händler, der uns auch zuvorkommend bediente.
Kurz darauf wechselte ein wenig Geld den Besitzer und beide Handelsparteien waren zufrieden.
Wir machten uns nun endgültig auf zum Boot, wo die umliegende Bootsnachbarschaft sich so langsam aufmachte, Brot zum Frühstück zu besorgen.
Die *INGRINE* wurde abfahrtsbereit gemacht und endlich ging es los, die letzte Etappe lag vor uns, Auxonne war heute Abend unser Ziel, unsere kleine gemütliche Box am Ponton A im Port Royal erwartete uns bereits.
Per Mail hatte ich Roy am Vortag unsere Rückkehr angekündigt, so wie er es erwünscht hatte, somit konnte er unseren Liegeplatz von Gastliegern freihalten.
Langsam und als erstes Schiff an diesem Morgen verließen wir den Hafen von Verdun, oben an der Capitainerie stand der Chef und winkte uns zum Abschied zu.

À la prochaine.

Die *INGRINE* verließ kurz darauf den Doubs und bog auf Nordkurs in die Saône ein.
Weder von oben noch von unten waren irgendwelche Boote zu sehen, es war wohl noch zu früh am Tag.
Fünfzig Minuten nach unserer Abfahrt kamen wir an unsere „Lieblingsschleuse" Écuelles und ich meldete uns über Funk an. Mit Si-

cherheit waren wir bereits gesehen worden, aber die Ampel stand noch auf Rot, möglicherweise kommt uns ja auch ein Schiff von oben entgegen.
Aber dem war nicht so. Ein wenig später nach meinem, hoffentlich freundlichen „Bon Jour", schoben sich die schweren Eisentore auf und gaben uns den Weg in das Innere der Schleuse frei.
Die Ampel sprang auf Grün und hinein ging es mit der *INGRINE*, und wie immer bei dieser Schleuse mit einem mulmigen Gefühl.
Die Tore hinter uns wurden verschlossen, es bestand keine Fluchtmöglichkeit mehr für uns.

Herr, sei uns gnädig.

Die Festmacher waren am Wandpoller platziert worden und mit größter Sorgfalt wurden die Taue gehalten, Helga trug wie immer ihre Schutzhandschuhe, um ihr Tau besser halten zu können.

Gleich geht es los.

Ich weiß nicht, ob es die Hitze oder die Anspannung war, aber auf Helgas Stirn traten die Schweißtropfen deutlich hervor. Irgendwo hörte man einen Kompressor anlaufen, die Schütze gingen gleich auf und das Inferno würde beginnen.

Das Wasser strömte sichtbar ein.

Voller Erwartung des beginnenden Weltuntergangs verstärkte sich der Wasserschwall, der von Helgas Antlitz in die Schleusenkammer tropfte. Von den tossenden Wassermassen, die hier binnen Sekunden in die Kammer gelassen wurden, waren wir hier in dieser Schleuse schon so oft an die Belastungsgrenze unserer Nerven geführt worden.

Der harmlose Strudel in der Kammermitte, den das einlaufende Wasser erzeugte, würde sich jeden Moment in die Apokalypse verwandeln, und wir, die wir hier alleine mit der *INGRINE* dagegen ankämpften, waren weit weg vom Rest der Menschheit in den drei Meter zwanzig Tiefe der Schleuse den Urmächten alleine ausgesetzt und durch die Kammerwände gefangen.

Es gab kein Entrinnen für uns.

Die Sekunden vergingen wie Minuten.

Es ertönte ein Signal, aha, eine Warnung, gleich geht es wirklich los und das Ende naht. Die Obertore wurden mit einem Gerumpel geöffnet und die Ampel sprang auf Grün.

Wie, war das schon Alles?

Bei der Hinfahrt nach Lyon hatten wir bei der Passage dieser Schleuse bereits bemerkt, dass der Schleusenvorgang nicht mehr so wild war, wie wir es in all den Vorjahren hier erlebt hatten. Oder vielleicht war die Schleuse auch defekt und funktionierte nur mit halber Kraft, oder auch mit weniger.

Die Taue wurden von einer sichtlich verdutzten Helga gelöst, während ich die *INGRINE* eiligst aus der Schleuse fuhr.

Bloß weg hier, die wollen uns nur veräppeln, wer weiß, was die auf Lager haben.

Tatsächlich aber waren wir wirklich oben angekommen, wie die bekannte Landschaft um uns herum erkennen ließ. Völlig verwirrt vergaß Helga auch, sich ihren hier sonst üblichen „hab´s hinter mir Glimmstängel" anzustecken.

„Die führen irgendetwas im Schilde, die Franzosen", war unsere feste Überzeugung.

Das traumhafte Wetter der Vortage verwöhnte uns auch an diesem Vormittag, zum Nachmittag wird es wohl wieder so warm werden, dass wir uns lieber in den Schatten verkrümeln würden. Aber das wollten wir uns dann erst zu gegebener Stunde überlegen.

Der weitere Verlauf der heutigen letzten Etappe war traumhaft, wir hatten kaum Verkehr auf dem Wasser und konnten die Fahrt noch einmal so richtig genießen. Die Kirchturmuhr schlug gerade elf Uhr, als wir an der nächsten Schleuse in Seurre eintrafen.

Oh, oh. Was sahen unsere Augen bei der Annäherung an die Schleuse?

Im Vorhafen der Schleuse lag ein Frachter, die *PAX*. Bedeutete das nun endloses Warten für uns? Ich nahm über Funk mit der Schleuse Kontakt auf und meldete uns dort an.
Aber zum Glück lag der Frachter dort fest auf Reede, wir konnten ihn mit ruhigem Gewissen passieren und in die Schleuse einfahren, die weit geöffnet vor uns lag. Das war nun die letzte Großschleuse für uns auf dieser Urlaubstour, ab hier sind wir auf dem letzten Teilstück der Grand Saône. Die nächsten Schleusen bis hoch nach Corre sind alle im Freycinetmaß und mit neununddreißig Metern deutlich kürzer als die Schleusen in Richtung Lyon.
Nach der Ausfahrt aus der Schleuse von Seurre lagen oberhalb die üblichen stupiden acht Kilometer Kanal stur geradeaus vor uns, bis wir wieder an die Saône kamen. Dort kam uns im ersten Stück direkt nach der Schleuse ein Frachter entgegen, der tiefbeladen im Wasser hing. Ohne Probleme kamen wir hier aneinander vorbei, da der Kanalabschnitt mehr als ausreichend breit für unsere beiden Schiffe war.

Die Uhr zeigte uns die Mittagszeit an und wir stellten die Überlegung an, nach dem Kanalstück noch vor Saint-Jean-de-Losne zur Pause irgendwo am Ufer anzulegen, wenn es geht im Schatten, um der Mittagshitze etwas zu entfliehen, für das restliche Stück bis hoch nach Auxonne hatten wir noch genügend Zeit übrig.
Aber leider waren die Möglichkeiten nach dem Kanalabschnitt und auch später auf der Saône unterhalb der Stadt sehr eingeschränkt und die in Frage kommenden Plätze waren mal wieder von den Anglern belegt. Da war guter Rat teuer. Vorerst wurde die Fahrt fortgesetzt und schließlich Saint Jean passiert.
Am Quai National waren noch ein zwei Plätze frei, dort gab es aber keinen Schatten und es war gut warm in der Mittagszeit, daher wollen wir uns lieber einen kühleren Unterschlupf suchen.
Oberhalb von Saint-Jean-de-Losne kommen bis zur Schleuse von Auxonne fünfzehn Kilometer bewaldeter Uferbereich, dort sollte sich mit Sicherheit ein geeignetes Plätzchen für uns finden lassen.
Ab dem Anleger am Campingplatz ging die Fahrt im Moment weiter, aber mit verminderter Geschwindigkeit, unser Augenmerk galt nun den Uferbereichen, die nach einem ausreichend großen Platz für die *INGRINE* im Schatten der Bäume abgesucht wurden.
Kurz vor der Einmündung des Rhein-Rhône-Kanals war es dann endlich soweit, dort hatten wir an Backbord am Ufer einen schönen Platz gesehen, um dort im Schatten die Mittagshitze abzuwarten.
Die *INGRINE* wurde aufgestoppt, da wir an der Stelle schon fast vorbei waren. Das Boot wurde gedreht und bei der erneuten verlangsamten Vorbeifahrt wurde der Platz noch einmal in Augenschein genommen. Die Größe und die Lage waren optimal, also erfolgte das Kommando „alle Mann auf Position". Erneut erfolgte eine Kehre und Helga begab sich an den vorderen Festmacher, um beim Anlegen eine Leine ausbringen zu können. Unter dem Schatten der Bäume lag eine kleine Bucht, die uns geeignet erschien. Im spitzen Winkel wurde das Ufer langsam angesteuert, dabei warf ich aber immer wieder einen Blick auf die Tiefenanzeige, die bis zum

letzten Meter vor dem Ufer immer noch über zwei Meter Wasser unter dem Boot anzeigte.
Mit dem Bug wurde vorsichtig an die Uferböschung gefahren, damit die Bordfrau mit einem Tau vom Boot runter an Land springen konnte. Das Boot lag sicher und ruhig, also konnte Helga die vordere Leine an einem Baumstamm befestigen, bevor sie die Achterleine in Empfang nahm. Das zweite Tau wurde um einen Baumstamm an Achtern geführt und wieder an Bord auf die Klampe gelegt. Nun konnte ich den Motor abstellen.
Ich sprang an Land und überprüfte die Festigkeit des vorderen Taues am Baum und der Knoten, die Helga dort angebracht hatte.

Alles perfekt.

Die *INGRINE* lag jetzt sicher im Schatten am Ufer, unsere Pause konnte eingeleitet werden. Wir waren zwar zum Anlegen hinter die rote Tonnenstrecke gefahren, die hier abgesteckt ist, aber an dieser Stelle war keine der Sandbänke der L'Ouche, die hier unterhalb von unserer Liegestelle in die Saône mündete. Und durch die etwas abseits gelegene Position fuhren die Boote nicht so nahe ans uns vorbei, dadurch wurden wir nicht so durchgeschaukelt. Besser konnte es gar nicht sein.
Hier lagen wir in der Pampa, weit und breit kein Haus, kein Auto, kein Fußgänger, keine Angler, hier waren wir vollkommen unter uns.
Eigentlich war das hier auch eine geeignete Stelle und ein geeigneter Moment für die Generalprobe, denn wir hatten unseren neuen Dieselgenerator zwar vor der Fahrt nach Lyon in Auxonne ins Boot eingebaut, diesen dann aber noch nicht einmal mehr ausprobiert. Gesagt, getan. Der Motorraum wurde geöffnet um an die Anlassvorrichtung des Generators zu gelangen. Der Seilzug wurde vorgespannt und in die richtige Position gebracht und anschließend der Hebel für die Dekompression umgelegt. Es erfolgte ein kräftiger Zug mit dem Starterseil und mit einem langsamen Tuckern sprang

der Generator an, um dann automatisch auf die richtige Drehzahl zu regeln.
Der Motorraum wurde wieder verschlossen und im Boot schaltete ich das Bordnetz auf den Generatoranschluss um, und siehe da, der Gefrierschrank nahm brav seinen Betrieb auf.
Somit können wir auch einmal in der Wildnis übernachten, ohne das uns der Gefrierschrank über Nacht auftaut.
Das Rattern vom Motor war zwar deutlich zu hören, aber nach einer Weile nahmen wir das Rattern gar nicht mehr richtig zur Kenntnis.
Helga nutze die Gelegenheit aus, um sich zu Mittag einen Hotdog in der Mikrowelle zu erwärmen, den diese lief ja auch nur bei normaler Stromversorgung.
Für mich gab es eine Hühnerpizza, die ich mir am Vortag beim ATAC in Verdun kaufen konnte.
Das Essen wurde nach oben auf das Deck verfrachtet, jetzt stand dem Mittagessen und der anschließenden Siesta nichts mehr im Wege.
Die Füße kamen nach dem Essen hoch in den Liegestuhl, ab jetzt bitte nicht mehr stören.
Der Sonnenstand wanderte später zum Nachmittag hin weiter und damit veränderte sich der Schatten, den die Bäume auf die *INGRINE* warfen. Wir hatten uns vor einiger Zeit Stoffbahnen zugelegt, um den Schatten oben an Deck zu vergrößern, die wir nun wieder ausbrachten. Ich befestigte die Stores oben seitlich am Biminigestänge, unten konnten sie lose im Wind flattern, somit war das prompt erledigt und brachte uns zusätzliche Beschattung oben auf das Deck.
Ein leichter Luftzug sorgte zudem für ein angenehmes Klima, so konnte man es hier gut aushalten.
Von unten kamen später mehrere Mietboote hochgefahren, die kurz darauf an uns vorbeirasten.

Urlaub auf der Flucht.

Und das soll Erholung sein?

Hier hatten wir eine wirklich gute Stelle gefunden, die ich mir für weitere Ausflüge in der Zukunft in meiner Karte markiert hatte, um sie zu einem späteren Zeitpunkt auch wiederzufinden. Es ist immer wieder gut, sich solche Stellen zu vermerken.
Aber alles hat einmal ein Ende und wir hatten für den Abend angepeilt, noch mit der letzten Schleusung vor neunzehn Uhr nach Auxonne zu kommen, um auch tatsächlich unseren angestammten Platz im Hafen zu erreichen.
Eineinhalb Stunden trennten uns noch vom Port Royal, dazwischen lag auch noch eine Schleuse, die wir dort auch wieder selber bedienen mussten.
Also sollte man nicht auf dem letzten Drücker abfahren, wer weiß, was einem noch an der Schleuse begegnet . . . .

Bis nach vier Uhr hatten wir es hier wunderbar ausgehalten, dann war es aber an der Zeit, den letzten Teil unserer großen Reise zu beenden.
Der Gefrierschrank wurde wieder auf das Bordnetz umgeschaltet, die Temperaturkontrolle ergab minus vierundzwanzig Grad, schön eiskalt, so wie es sein sollte.
Dann wurde der Generator abgestellt und der Motor der *INGRINE* zum voraussichtlich letzten Mal auf dieser Reise angelassen.
Ich löste den hinteren Festmacher an der Klampe und zog das Seil um den Baum zurück an Bord und begab mich ans Ruder. Das Heck der *INGRINE* wurde mit leichter Rückwärtsfahrt in den Fluss gezogen, somit konnte Helga nun die vordere Leine lösen, die wir zum Ablegen so ausgebracht hatten, dass Helga das vom Bootsdeck aus erledigen konnte.
Ein leichter Schub achteraus, und wir trieben mit der *INGRINE* wieder in das Fahrwasser zurück.

Nach dem Ausrichten des Bootes auf den richtigen Kurs im Fahrwasser ging es mit normaler Fahrt dann Richtung Schleuse Auxonne weiter.

Zwei Kilometer oberhalb von unserem gerade verlassenen Schattenplatz querten wir die Einfahrt in den Rhein-Rhône-Kanal, jetzt war es noch eine Stunde Fahrt bis zur Schleuse.

Zwischen Saint-Symphonien und der Schleuse Auxonne hatten wir die Saône wieder für uns alleine, erst vor dem Warteponton trafen wir auf ein Mietboot, das aber bereits die über die Saône hängende Drehstange für die Anforderung der Schleusung ausgelöst hatte, wie ich aus der Anzeige der Ampel ableiten konnte.

Ich gab etwas mehr Fahrt, damit wir mit dem Mietboot, ein Boot von Locaboat, gemeinsam durch die Schleuse kommen würden.

Und genau bei unserer letzten Schleusung an dem Tag und für unsere Reise hatten wir wieder so einen Spezi angetroffen.

Die Crew, bestehend aus drei älteren Pärchen, hatte ihre Mühe damit, ihre Leinen auszubringen. Mehrere Versuche, das Tau vom Boot aus um einen der Poller oben an der Kammermauer zu werfen, scheiterten kläglich, die Kammerwand war einfach zu hoch an der Schleuse Auxonne.

Aus diesem Grund klettert Helga an dieser Schleuse grundsätzlich die Leiter hoch, um die Taue oben anzunehmen, da die Kammerwand wirklich sehr hoch ist und man die Poller oben vom Boot aus nicht sehen kann. Der Hub beträgt zwar nur knapp zwei Meter, aber die Mauer ist etwas über einen Meter höher.

Helga gab mir meine Leine nach dem Umlegen um den Poller wieder nach unten, damit ich diese führen konnte, die vordere Leine hielt sie beim Schleusenvorgang um den Poller gelegt selber fest.

Freundlicherweise half sie den Schleusenrodeos vor uns und nahm deren Leinen an und legte die Augen der angereichten Leinen um die entsprechenden Poller für das Boot.

Das Mietboot schien bereit, alles schaute auf uns, da wir an der Auslösestange lagen. Die Abfrage „Bereit" an das andere Boot wurde bestätigt, also konnte es losgehen, indem ich die blaue Stange kurz anhob.

Hinter uns schlossen sich die Tore und das Wasser schoss in die Kammer. Den Zug auf die Seile waren wir gewöhnt, nicht so aber die Leute vor uns auf dem anderen Boot. Die Dame hinten im Boot hielt ihr Seil genauso stramm gehalten, wie sie es zuvor gereicht bekommen hatte, anstatt beim Hochschleusen die Leine dicht zu holen. Die Folge war, dass die hintere Leine ohne Funktion war und durchhing, der Zug auf die vordere Leine wurde umso stärker. Das Resultat folgte zugleich, der gute Mann vorne konnte das Tau nicht mehr halten und ließ los.

Das Seil baumelte nun alleine am Poller an der Schleusenwand herunter und das Boot legte sich in der Kammer sofort quer. Die Dame hinten hielt immer noch brav das Seil, ohne zu wissen was nun überhaupt zu machen sei.

Broch, das Boot klatschte zum ersten Mal an die Kammerwand auf der anderen Seite der Schleuse. Zum Glück war der Abstand zwischen der *INGRINE* und dem Mietboot ausreichend groß, dass es vorerst nicht auf uns treiben würde.

Krach, das Boot klatschte von dem in die Schleuse einströmenden Wasser zurück an die andere Wand, Panik machte sich an Bord des Mietbootes breit, und die anderen Mitfahrer bewegten sich nun an Deck, um zu sehen, was hier überhaupt abging.

Wir erbarmten uns und machten dem Schauspiel ein Ende. Helga gab mir auf meine Weisung hin ihr Seilende herunter, ich konnte gut beide Taue halten.

Nun huschte sie nach vorne zu dem Poller mit dem losgelassenen Seil und reichte es dem Herrn wieder an, um sogleich nach hinten zu eilen, um dort das Seil der Dame zu übernehmen, dessen anderes Ende zum Glück am Boot belegt war.

Mit vereinten Kräften gelang es dem Prisenkommando, das Locaboat wieder an die Wand zu bekommen, durch den angestiegenen Hub in der Kammer wurde das Wasser auch wieder etwas ruhiger.

Warum sich die beiden anderen Männer an Bord des Mietbootes nicht zuständig fühlten war uns ein Rätsel.
Zum Glück war das Spektakel bald vorbei. Das Wasser wurde mit Erreichen des oberen Wasserstandes zunehmend ruhiger und mit dem Öffnen der Schleuse war alles vorbei. Die Taue wurden eingeholt, wobei ich Helga anwies, unsere Seile erst zu lösen, wenn das Mietboot sicher aus der Kammer fährt. Wer weiß, was die noch draufhatten, da wir sie während der Fahrt bisher nicht erlebt hatten. Aber allem Unken zu trotz lief die Ausfahrt aus der Schleuse ohne Probleme ab, im Kanal bis hoch zur Stadt gab es auch keinen weiteren Zwischenfall mehr.
Die Bahnbrücke wurde erreicht, zum letzten Mal kommen wir neben dem Nadelwehr auf die Saône zurück, gleich sind wir in unserem Hafen angekommen.

Das Mietboot war die ganze Zeit vor uns gefahren und hatte sich schon ein gutes Stück von uns entfernt, Vollgas eben, nun wurde es vor Auxonne aber deutlich langsamer, man suchte wohl einen Platz zum Anlegen.
Den suchte man aber vor der Straßenbrücke am Kai vergebens, der dazu nicht sonderlich geeignet ist und auch keinerlei Service bot.
Ich überholte das schleichende Boot und erreichte den Stadtanleger, der noch einige freie Plätze hatte, hier hätte das Mietboot gut unterkommen können, man müsste mal in die Karte schauen, dort ist der Anleger verzeichnet.
Ich nahm die Fahrt heraus, ab hier gilt eine Tempobegrenzung von sechs Stundenkilometern und es gehört sich auch nicht, an Liegeplätzen vorbeizurasen.
Unser Hafen lag vor uns und ich drehte die *INGRINE* in die Hafeneinfahrt.
Die Gastlieger waren gut besetzt und Roy und Carole waren damit beschäftigt, ein anderes Mietboot eine Box zu dirigieren.
Wir wurden von den Beiden gesehen und beide winkten uns freudig zu. Die Steganlage wurde umrundet um mit der *INGRINE* in den

Innenbereich zu gelangen, dort hatten wir im vorderen Teil in der Nähe der Capitainerie unseren festen Platz.
Unser Nachbarplatz in der Doppelbox war leer, somit wäre das rückwärtige Anlegen umso leichter.
Mittig vor unserer Box wurde aufgestoppt und die *INGRINE* auf dem Teller gedreht. Wie bereits einige Dutzend Mal gemacht ging es dann in Achterausfahrt die letzten Meter an den Ponton.
Carole war zu uns gekommen und half Helga hinten beim Anlegen, während ich den Motor abstellte.
Wir gingen auf den Steg und wurden von Carole mit Küsschen links und Küsschen rechts begrüßt, was unsere temporären Nachbarn auf den Mietbooten uns gegenüber aufmerksam beobachteten. Roy kam dazu und das Prozedere der Begrüßung wiederholte sich bei Helga, für mich reichte ein herzlicher Handschlag.

„Geht es Euch gut?"

„Hattet ihr eine schöne Reise"?

„Wo wart ihr gewesen"?

wurden wir von den Beiden gefragt.

Es bereitete uns eine Freude zu berichten, das wir es bis Lyon geschafft hatten und auch noch ein Stückchen auf der Rhône waren.

Zu Recht konnten wir den Beiden sagen:

„Wir sind die Rhône hochgekommen"

Unerwartete Begegnung

Nachdem wir die *INGRINE* im Hafen eingerichtet und mit Strom versorgt hatten erfolgte auch mein letzter Eintrag im Bordbuch für diese Reise, verbunden mit einer kleinen Bilanz darüber.
Für die vierhundertzweiundvierzig Kilometer hin und zurück nach Lyon brauchten wir knapp dreiundfünfzig Stunden Fahrt. Einhundertfünfzig Liter Diesel waren nötig, um die Strecke mit ihren zwölf Schleusen zu meistern.
Achtzehn Höhenmeter haben wir zwischen Auxonne und Lyon überwunden, zuerst runter und dann wieder rauf.
Zufrieden legte ich den Schreiber an die Seite und füllte Eiswürfel in mein Glas nach, der Rosé wurde bei dem Wetter einfach zu schnell warm ohne ausreichende Kühlung.
Später trafen wir beim Abendspaziergang noch den einen oder anderen Bekannten aus dem Hafen, mit denen wir auch ein paar Worte wechselten.
Rose war auch wieder auf ihrem Boot *MA DOUCE* zurückgekehrt und der kleine Hund T.J. begrüßte uns überschwänglich.
Zu Abend wurde es langsam ruhiger im Port Royal und oben an Deck konnten wir in unseren Liegestühlen den Tag ausklingen lassen.
Für die letzten paar Tage, die wir noch hier in Frankreich in Ferien waren, wurde der Ablauf abgesprochen, morgen sollte es zum Markt gehen, der Samstag war zum Aufräumen bestimmt und am Sonntag ging es zurück in die Heimat.
Wir freuten uns auch schon mächtig auf unsere Enkelkinderchen, die wir durch den Urlaub eine Weile nicht sehen konnten.

Am nächsten Morgen war der bereits erwähnte Markttag in Auxonne, der Grund, warum wir an dem Freitag hier zurück sein wollten. Das ist ein schöner typisch französischer Straßenmarkt, auf dem man wirklich alles erstehen konnte, was man für eine gute Mahlzeit benötigt. Und alles frisch von den örtlichen Erzeugern, Käse, Wurst, Brot, Gemüse, Obst, einfach alles.
In der alten Markthalle war in der Regel auch ein Stand aufgebaut, an dem frische Waffeln gebacken wurden. Und im Zugang zu der Markthalle stand regelmäßig ein Wagen, indem die berühmt berüchtigten Bresse-Hühner gegrillt wurden. Dazu wurden Kartoffeln mit Zwiebeln und Tomaten gegrillt, einfach herrlich der Geruch.
Und an den anderen Ständen, die draußen auf der Straße rund um die Kirche aufgebaut waren, konnte man Kleidung und alle möglichen Haushaltswaren erstehen.

Und wen treffen wir dort?

Den Händler, bei dem sich Helga vor zwei Tagen in Verdun-sur-le-Doubs zwei Sommerkleider gekauft hatte.
Er hatte uns, aber zumindest sein Kleid wiedererkannt, das Helga heute am Markttag ausführte.
Er lächelte zuerst verhalten, da er sich nicht sicher war, ob wir uns an ihn erinnerten, aber dann gab es eine Begrüßung per Handschlag, so wie alte Bekannte.
Das war schon lustig, wie man sich unverhofft wiedertrifft.
Er kam auch regelmäßig nach Auxonne zum Markt, wie er uns dann erzählte. Wir wechselten noch ein paar Worte, dann ging es für uns weiter.
Helga wollte noch für unsere Enkelin Mira ein paar Haarklämmerchen kaufen, die sie so gerne trägt, und die man hier in unzähligen verschiedenen Farben und Formen bekommen konnte.
Die Einkaufstaschen, die wir vom Boot mit zum Markt genommen hatten, wurden voller und voller und irgendwann war Schluss.

Nichts geht mehr, ab nach Hause, zurück zum Boot.

Dort angekommen konnten wir einen weiteren Nachbarn, den "Heimwerker", begrüßen, der in der Zwischenzeit auf seinem Boot eingetroffen war. Ein Engländer, der aber etwas problematisch war, er hatte hier nicht sehr viele Freunde.
Er war der große Bastler vor dem Herrn, hatte aber leider zwei linke Hände dafür und so gab es immer etwas zu Schmunzeln, wenn er am Werkeln war.

Und es dauerte nicht lange, bis er Stress mit Roy bekam.

Mittagsruhe!

Er packte doch tatsächlich pünktlich um eins seine Stichsäge aus und begann Holz für irgendein neues Projekt zu sägen.
Roy kam zu ihm ans Boot und machte ihn auf die Hafenregeln aufmerksam, die ihm sicher bekannt waren, da sie jedem Dauerlieger ausgehändigt wurden.
Dagegen hatte er schon des Öfteren verstoßen und Roy war sichtlich verärgert darüber.
Und das muss bei Roy schon etwas heißen. Dennoch blieb Roy ruhig und sprach in normalen Tonfall mit ihm.
Der Heimwerker packte wütend seine Säge in die Ecke und verkroch sich in seinem Boot, um kurz darauf mit einem Zettel, wohl seiner Mängelliste über den Hafen, bei Roy am Boot zu klopfen, der ihn aber abblitzen ließ.

Leute, das Wetter war doch einfach zu schön für diesen Stress.

Ich hatte Roy später darauf angesprochen, aber Roy war auf den Heimwerker wirklich nicht gut zu sprechen.
Zum Glück entspannte sich die Lage wieder nachdem Roy ihn fortgeschickt hatte und wir konnten die Mittagsruhe weiter genießen.

Am Nachmittag fuhr der Hafentieftaucher mit seinem Boot auf Tour. Es war das erste Mal, dass wir das Schiff überhaupt fahren sahen, solange wie wir hier schon im Hafen lagen.
Den Spitznamen hatte er sich vor zwei Jahren einkassiert, als er regelmäßig am Nachmittag mit Schwimmflossen ausgerüstet von seinem Boot in das Hafenbecken sprang und dort einige Runden im Wasser schwamm, was unter den anderen Hafenliegern zu Gerede führte.
Sicherlich gehen wir auch in der Saône schwimmen, da sie nicht durch industrielle Abwässer belastet ist und sehr sauberes Wasser führt. Nicht umsonst gibt es hier noch viele Gemeinden, die im Sommer am Fluss Naturschwimmbäder betreiben.
Aber in das Hafenbecken, was auch sichtbar trübes Wasser führte, würden wir nur im Notfall steigen, zu viel Schmutzwasser wurde hier von den Booten eingeleitet, auch von der einen oder anderen Bootstoilette.

Er aber freute sich stets über die kühle Erfrischung.

So hatten die anderen Plaisanciers wenigstens etwas, über das man sich lustig machen konnte.

Und wer weiß, was man sich so über uns erzählt?

Der restliche Nachmittag ging wie immer im Zeitraffer vorbei, immer unterbrochen von einem Boot, das auf der Saône vorbeikam oder gar in den Hafen einfuhr.
In dem Fall kam Carole vorbei und holte Helga ab und gemeinsam wurden die ankommenden Boote an einen Liegeplatz dirigiert und dort in Empfang genommen.
Helga hatte ihren Spaß dabei und bekam so manchen Kniff mit den Leinen von Carole gezeigt.

Roy und Carole hatten Helga vor einem Jahr zum Deputy Harbor Master ernannt, da wir öfters beim Anlegen der Boote halfen und Helga immer als erste zu den Booten angeflitzt kam.
Der Steg füllte sich am späteren Nachmittag mit weiteren Booten, die meisten davon waren auf der Rückfahrt, am jetzt folgenden Wochenende war deren Reise in Saint-Jean oder in Pontailler an den Mietbootbasen zu Ende. So ist das eben, irgendwann geht ein Urlaub immer zu Ende.
Helga und Carole hatten gut zu tun und auch ordentlich Spaß dabei, Roy brauchte nicht viel zu helfen.
Mit dem Nachlassen der Sonne war die Hitze nicht mehr so groß, ein guter Zeitpunkt, um das Bimini für die Nacht einzuholen. Das war nur ein kleiner Handgriff und war schnell erledigt.
Die Stühle wurden etwas anders auf dem Oberdeck platziert, da die Suche nach dem Schatten mit dem Einholen des Verdeckes beendet war.
Gegenüber vom Hafen auf der anderen Seite der Saône hatten die Kinder beim Kanuclub ihren Spaß im Wasser, einige waren mit Kanus unterwegs, es waren aber auch jede Menge Paddelboote zu sehen.
Es wurde sich gegenseitig nassgespritzt oder die Kinder versuchten sich gegenseitig vom Boot ins Wasser zu stoßen.
Das war insofern harmlos, da alle Kinder mit Schwimmwesten ausgestattet waren und der Bereich am Kanuclub für die vorbeifahrenden Boote abgesperrt war.

Es machte Spaß, der Bande dabei zuzusehen.

Bei dem gemütlichen Sitzen im Liegestuhl hatten wir auch über den besten Zeitpunkt für unsere Rückfahrt diskutiert und uns dann entschlossen, unsere Rückreise nach Deutschland bereits am Samstagnachmittag zu starten, somit hatten wir dann noch den Sonntag bei uns zu Hause zum Ausspannen, bevor es am Montagmorgen wieder für uns beide zur Arbeit ging.

Helga als Hauptinitiator des Plans wurde dafür von der Mehrheit der Crew aber prompt in die Kombüse verdonnert und hatte für das Abendessen zu sorgen.
Sie machte uns aber nur eine Kleinigkeit, bei dem warmen Wetter vergeht einem die Lust auf große Gelage, da schmeckt einem ein bunter Salat und ein paar Stücke Pizza umso besser.
Um viertel vor neun gab es für uns dann den letzten Sonnenuntergang auf dieser Urlaubstour, den wir zufrieden auf dem Nildeck erleben durften.

Wir saßen noch lange oben bei Kerzenschein an der lauen Luft und beobachteten das nachlassende Treiben im Hafen. Unsere Gedanken schwelgten dabei in den Erinnerungen an die Erlebnisse der letzten zwei vergangenen Wochen. Ich hatte mir ordentlich Notizen zu der Reise gemacht, unzählige Fotos aufgenommen und regelmäßig das Bordbuch geführt, damit auch keine Eindrücke in Vergessenheit geraten konnten.

Wir hatten so viel gesehen und erlebt auf dieser Fahrt.

Was Ralph und Anita jetzt gerade wohl machten?

Im Juni und im Juli desselben Jahres waren wir im vierzehntägigen Abstand zum Hafen und auf die *INGRINE* zurückgekehrt, um dort das Wochenende zu verbringen.

Wir nutzten die Zeit zum Sonnenbaden und zum Schwimmen in der Saône, aber auch dazu, das Boot nach der langen Urlaubstour gründlich Innen und Außen zu reinigen.

Zu guter Letzt hatten wir uns für das Sonnendeck einen neuen Outdoorteppich gegönnt, da der erste Bodenbelag mit uns zusammen schon ein paar Jahre der Sonne getrotzt hatte, aber sich alles in allem sehr gut bewährt hatte.

Die seitliche Verschraubung des Bodenbelages wurde entfernt und der alte Belag zusammengerollt erst einmal nach unten auf den Steg verfrachtet. Dort kam dann der Hochdruckreiniger zum Einsatz, um den Staub und den Sand der vergangenen Zeiten gründlich aus den Poren zu spülen.

Oben an Bord wurde das Sonnendeck ebenfalls mit Wasser ordentlich abgespült und kurz darauf die seitlichen Bordwände ein zweites Mal, da sich die sandige Brühe auf ihrem Weg nach unten in alle nur erdenklichen Ritzen absetzte.

Nach dem Abtrocknen wurde der alte Bodenbelag wieder an seinen alten Platz ausgelegt, um dann dem neuen Belag als Untergrund zu dienen. Der neue Teppich wurde auf die Maße angepasst und in seiner endgültigen Position wieder an dem seitlichen Holzunterbau an Deck fest verschraubt.

So gab es keine Stolperfallen und zugleich hatten wir einen angenehm weichen Untergrund unter den Füßen. Die graumelierte Farbe des Bodenbelages erwärmte sich auch nicht zu sehr in der prallen Sonne, so konnten wir auch wunderbar barfuß über unser Sonnendeck schweben.

Gegenüber am anderen Steg hatte Sue von der *ARYANI* unsere Werkelei aufmerksam verfolgt, konnte aber nicht alles einsehen, da ihr ein Teil des Daches der *INGRINE* den Blick versperrte.

Am Samstagabend trafen wir uns mit den anderen Hafenbewohnern oben auf dem Damm zu einem kleinen Umtrunk und ein paar Le-

ckereien, dabei wurden wir von ihr auf unseren arbeitsreichen Tag angesprochen. Wir erklärten ihr unser aufwendiges Schaffen und sie wollte es erst nicht so recht glauben, dass wir einen Teppich oben im Freien auf dem Boot verlegt hätten.
Ich hatte noch einen kleinen Reststreifen vom Teppichboden auf dem Boot liegen, da ich den abgeschnittenen überstehenden Teil des Bodenbelages noch nicht entsorgt hatte. Die Eiswürfel waren zur Neige gegangen, daher musste ich eher zum Boot, also holte ich ihr einen Streifen von dem Teppich, den sie aufmerksam befühlte und betrachtete. So ein Material und dann noch speziell für draußen im Freien kannte sie bisher nicht und war sehr angetan davon. Als ich ihr dann auch noch den Preis nannte, den der gesamte Bodenbelag gekostet hatte, war sie baff.

Es muss ja auch nicht immer Teakholz sein.

Nach diesem Wochenende zurück in Düsseldorf gab es dann am folgenden Dienstag ein kleines Freudenfest für uns, das bestellte und schon lange erwartete Beiboot samt Außenbordmotor war endlich bei uns eingetroffen.
Das Boot und der Motor wurden ausgepackt, grob aufgebaut und getestet und für einwandfrei befunden.
Kurzerhand wurde, da das gute Wetter dem Wetterbericht zufolge anhalten sollte, beschlossen, bereits am 17. Juli, dem nächsten Freitag, wieder für das Wochenende nach Frankreich zu fahren, um dort das Beiboot einzuweihen und ausgiebig zu Testen.
Flexibel wie wir sind wurde das Auto mit dem neuen Spielzeug und unserem minimalen Gepäck für das Wochenende bepackt und am frühen Freitagnachmittag ging es über das Wochenende erneut auf zur *INGRINE*.
Vor Ort in Auxonne kamen wir nach zweiundzwanzig Uhr an und konnten gerade noch den Rest vom nächtlichen Künstlermarkt mitbekommen, der hier jeden Freitag in den Sommermonaten Juli und August stattfand, bevor er um dreiundzwanzig Uhr schloss.

Für den Markt war der obere Teil vom Parkplatz gesperrt worden, der sonst fast ausschließlich von den Hafenanliegern benutzt wurde. Also mussten wir diesmal ein paar Meter wehr laufen, um mit unseren Sachen vom Auto zu unserem Boot zu gelangen.
Die Taschen mit dem nötigsten Gepäck und mit unserem Abendessen wurden geschultert und auf ging es auf die letzten vierhundert Meter zur *INGRINE*.
Vier oder fünf Gastlieger bevölkerten den Ponton, diesmal war aber kein Mietboot dabei, soweit wir das im Dunkeln erkennen konnten, es waren wohl alles Privatfahrer.
An Bord der *INGRINE* angekommen wurden zuerst einmal wie bei den meisten Ankünften im Sommer alle Fenster geöffnet, die Wärme des Tages stand noch im Innern des Schiffes, um aber in kürzester Zeit der kühleren Nachtluft das Terrain zu überlassen.
Unsere paar Sachen für das Wochenende waren schnell verstaut und somit stand dem verspäteten Abendessen nichts mehr im Wege. Zu diesem Zweck brachten wir uns meistens eine Pizza oder belegte Baguettes mit aus Deutschland, so ziemlich das einzige an Lebensmittel in unserem Gepäck.
Wir saßen noch eine Weile im Salon zusammen, dann wurde wie auch sonst nach dem Essen üblich die Kaffeemaschine für den nächsten Morgen vorbereitet, danach ging es endlich mit der nötigen Bettschwere in die Kojen.
Die Nacht verlief ausgesprochen ruhig, aber bereits kurz vor sieben Uhr hielt ich es im Liegen nicht mehr aus. Mich plagten seit ein paar Tagen etwas Rückenschmerzen, die sich nun wieder zurückgemeldet hatten, wohl ein Tribut an mein Alter und meine Jugendsünden, somit entschloss ich mich zum Aufstehen, die Nacht war für mich zu Ende.
Ich ließ meine Crew weiter Schafe zählen und begab mich in den Salon um dort die Kaffeemaschine anzuwerfen.
Ich packte meinen Laptop aus der Tasche und stellte ihn an. Auf diversen Nachrichtenseiten im Internet konnte ich etwas an Neuig-

keiten lesen und mich dadurch ablenken, WIFI und modernen Zeiten sei Dank.
Die Sonne kletterte in der Zwischenzeit über die Dächer der nahen Kaserne und flutete den Salon mit den ersten Sonnenstrahlen am Tag, die Wärme machte sich sofort bemerkbar.
Das war der Startschuss für mich. Es wurde Zeit für mich, mir meine Kaffeetasse zu schnappen und es mir oben an Deck an der frischen Luft im Liegestuhl bequem zu machen. Dazu musste ich aber zuerst den Stuhl und den kleinen Beistelltisch nach oben verfrachten, was mir auch leise und ohne Gemecker meiner Bordfrau gelang, die bei achttausendvierhundertdreiundvierzig Schafen angekommen war.
Das Bimini ließ ich vorerst noch zu, so warm war die Luft noch nicht und die Sonne brannte auch noch nicht, dass ich hätte das Deck beschatten müssen. Ich stellte das Tischchen auf und machte es mir oben an Deck in meinem Stuhl gemütlich. Zwei Würfel Zucker fanden ihren Weg in die Tasse, dreimal linksherum gedreht und perfekt war der Morgenkaffee. Der Minutenzeiger der Uhr trabte langsam der acht Uhr Marke entgegen, aber es war noch alles still im Hafen, lediglich ein Herrchen durfte mit seinem Vierbeiner an Land gehen, der dort sein Geschäft verrichtete.

Der Hund natürlich.

Also ich meine den Vierbeiner.

Mein Blick schweifte wie immer am Morgen, wenn ich so oben saß, über die gegenüberliegenden Boote, die aber im Moment scheinbar alle nicht bewohnt waren.
Bei Roy und Carole, den Hafenmeisten, war auch noch alles ruhig, von den Beiden war niemand zu sehen.
Der Landgänger kam mit seinem Herrchen zurück auf dem Ponton gedackelt und verschwand auf einem Segelboot, dass uns fast gegenüberlag.

Daneben lagen drei Motorboote, auf denen die Gardinen auch noch zugezogen waren. Hinter dem letzten Motorboot ragte am Steg noch ein weiteres Boot hervor, das mir zuvor nicht ins Auge gefallen war, da das danebenliegende Schiff das andere Boot fast überragte und verdeckte.
Ein dunkelblauer Rumpf, unschwer zu erkennen. Vorne am Bug war der Namen angebracht, OLIMAR, hatte ich schon einmal irgendwo gelesen.

OLIMAR?

Das darf doch nicht wahr sein, die OLIMAR!

Und wir wähnten Ralph und Anita noch immer im Süden, und dann liegen die hier mit der OLIMAR bei uns am Steg in Auxonne.
Und wenn wir nicht wegen dem Beiboot kurzfristig dieses Wochenende eingeschoben hätten wären wir uns heute hier nicht begegnet.

Sachen gibt es, die gibt es eigentlich nicht.

Kurz nach acht Uhr wurden die Schafe in ihre Koppel getrieben und eingesperrt und die Oberhilfssteuerfrau kam aus der Koje gekrabbelt und näherte sich zielstrebig der Kaffeekanne. Ich gewährte ihr den ersten Hektoliter, erst danach war sie halbwegs bei Bewusstsein und aufnahmebereit für ein tiefgründiges Gespräch.

„Schau mal da" war meine Aufforderung, in Richtung des Zipfels der OLIMAR zeigend, der hinter dem anderen Boot hervorragte.

Aufgepeitscht von dem vielen Koffein der vergangenen letzten halben Minute starrte sie entlang der Unendlichkeit bis zum Stegende.

Tiefes Schweigen, noch immer.

Sie schien nicht zu erkennen, was ich mit meiner Aufforderung gemeint hatte. Langsam lichtete sich der Nebel der aufqualmenden Zigarette, die sie zur Erlangung ihrer Lebensgeister neben dem Kaffee am Morgen benötigte.

Die *OLIMAR*.

Endlich hatte es bei ihr gefunkt und sie hatte das Boot wiedererkannt, mit dem wir zusammen im Mai nach Lyon gefahren waren.

„Welche Überraschung" lag es ihr auf den Lippen, die aber noch immer die Wärme der Kaffeetasse in sich aufsogen und deshalb keinen Laut passieren ließen.

„Na, das wird ja wieder ein schönes Wochenende, wie schön", war zumindest ihre Zustimmung zu meinem erfreuten Gesicht.

Nun lag es an uns abzuwarten, bis sich an Bord der *OLIMAR* etwas regte und bewegte. Es dauerte noch eine Weile bis dort der Tag anbrach und wir unsere Bootsbekannten begrüßen konnten.
Roy und Carole kamen gegen halb neun von der Hazelwood rüber zum Büro der Capitainerie, als sie uns zurück an Bord der *INGRINE* bemerkten. Roy schloss das Büro auf, danach führte einer ihrer ersten Wege sie zu uns. Wir gingen den Beiden ein paar Schritte entgegen, um sie zu begrüßen. Sie waren etwas überrascht, dass wir schon nach einer Woche bereits wieder in Auxonne waren, freuten sich aber sehr uns zu sehen.
Nach dem kleinen Plausch drehten wir uns um und wollten zur *INGRINE* zu unseren Kaffeetassen zurückkehren, als uns Ralph freudig strahlend auf dem Steg entgegenkam.
Vor ein zwei Tagen waren sie hier angekommen und hatten auch unsere *INGRINE* hier liegen gesehen, aber wir waren ja leider nicht an Bord. Umso erfreuter waren sie nun heute Morgen, uns doch noch hier anzutreffen. Ihr weiterer Weg sollte sie heute nach Corre

führen, dort hatte die OLIMAR ihren Hafenplatz und dort sollte sie ihr späteres Winterlager einnehmen.
Anita kam kurz darauf dazu und so hatten wir uns doch noch einiges an Neuigkeiten zu erzählen.
Die Beiden waren nach unserer Trennung in Lyon mit der OLIMAR bis runter nach Port Saint-Louis gekommen und hatten dort im Süden einige Zeit verbracht. Im August mussten sie aber wieder zurück in St. Gallen sein, ihr Geschäft rief, beziehungsweise ihr Sohn, um Hilfe.
Spontan verschoben sie ihre Weiterfahrt nach Corre um einen Tag, so blieb uns am Tag noch eine Weile Zeit für weitere Erzählungen.
Wir verabredeten uns locker für ein Treffen im Verlaufe des Tages, da die Beiden zurück zum Frühstück wollten und wir selber mussten noch in die Stadt zum Einkaufen, da wir überhaupt nichts an Esswaren an Bord hatten.
Die Einkaufsliste für das Wochenende war schnell geschrieben und mit unserem Wägelchen schoben wir kurz darauf hoch zum Parkplatz. Von dort ging es in die Stadt zum Casino, um unsere paar Sächelchen zu besorgen.
An der Tankstelle am Supermarkt wurde noch etwas Diesel für die Rückfahrt zugetankt und der Zusatztank vom neuen Außenbordmotor zum ersten Mal mit Sprit befüllt.
Zwölf Liter Supercarburant E 95 begleiteten uns mit zurück zum Hafen, wo wir mit dem Auto über dem Damm zum vorderen Ponton fuhren, galt es doch neben den Einkäufen auch das neue Beiboot und den Außenbordmotor an Bord der INGRINE zu bringen.
Die paar Lebensmittel für das Wochenende kamen in Kühl- und Gefrierschrank, die bereits wohltemperiert auf ihre neuen Bewohner warteten.
Dann kam der große Augenblick, das Projekt Beiboot ging in die heiße Phase.
Jetzt zur vorgerückten Stunde am späteren Vormittag war auch die richtige Zeit dazu, waren doch die meisten Gastlieger wieder aufge-

brochen, nur hinten im Hafen lag neben der OLIMAR noch ein weiteres Gastboot.

In Düsseldorf hatten wir das Beiboot nach der Anlieferung einmal grob aufgebaut und mit Luft gefüllt, nun sollte es erstmalig in seine komplette Form gebracht werden.

Das Einfügen der drei Bodenplatten verlief auch bereits wesentlich leichter als bei unserem ersten Versuch auf heimischen Boden im Wohnzimmer. Hier hatten wir auch eine elektrische Luftpumpe zur Verfügung, mit der die Kammern des Bootes in Windeseile gefüllt waren.

Die Ruderpaddel und die Sitzbank wurden angebaut und noch einmal alles auf genauen Sitz geprüft. Anschließend wurde der vorher angefertigte selbstklebende Namen des Beibootes vorne zu beiden Seiten an dem Boot angebracht, hinten erhielt es die Zulassungsnummer der INGRINE, da das Beiboot samt dem Außenbordmotor in den Schiffspapieren der INGRINE eingetragen wurde.

Zu Mittag erfolgte dann endlich der lange herbeigesehnte Stapellauf des Bötchens, sprich das Beiboot wurde vom Steg aus zu Wasser gelassen und an der INGRINE außen vertäut. Die Nachbarboxen neben der INGRINE waren alle leer, daher störte das dort angebundene Beiboot niemanden.

Selbstverständlich wurde nun auch das erste Foto von unserem neuen Beiboot, dem INGRINCHEN gemacht.

Oben an der Reling der INGRINE hatte ich eine Halterung vorbereitet, an der nun der Außenbordmotor angehängt wurde. So konnte ich hier in aller Ruhe und vor allem sicher und sorgfältig den Motor für den ersten Probelauf vorbereiten.

Das mitgelieferte Motorenöl wurde in den Motor eingefüllt und für den ersten Motorenstart wurde der interne Tank des Motors mit einem halben Liter Super aufgefüllt.

Die Transportsicherungen wurden gemäß der beiliegenden Anleitung entfernt und der Motordeckel wieder aufgesetzt.

Damit war nun alles vorbereitet und nach unserer kleinen Mittagspause sollte die erste Testfahrt erfolgen.

In der Zwischenzeit war das Bimini aufgebaut worden und in der nun aufkommenden Mittagshitze wurden die zusätzlichen Tücher für den seitlichen Schatten angebracht, da die Sonne bereits sehr stark schien.

Das kleine Beistelltischchen war mit Eiskübel und Gläsern beladen worden und löste damit die Kaffeetasse ab, die bisher aufopferungsvoll Helga zur Seite stand.

Der Backofen spuckte unten eine fertiggebackene Pizza aus, ein auch bei Wärme immer wieder gerne gesehener kleiner Snack. Ein richtiges Essen gab es bei uns bei den Temperaturen nur am Abend, zu mehr hatten wir tagsüber eigentlich auch keinen Appetit.

Die Füße wurden hochgelegt und zufrieden unser bisheriges Tageswerk betrachtet.

Es blieb nur noch später abzuklären, wie wir das Beiboot an Bord der *INGRINE* in Zukunft verstauen beziehungsweise mitführen wollten. Dazu gab es zwei Optionen, die unsere Hauptfavoriten waren: entweder das Beiboot mit Davits hinten am Boot anhängen oder an der *INGRINE* eine Badeplattform anbringen und das Boot darauf lagern.

Wir lauschten nach dem Essen dem Wind, der mit unseren Sonnenschutztüchern spielte und dösten vom Rosé beflügelt den sanften Träumen entgegen, die einem nach einer Mahlzeit einzufangen drohten.

Wir leisteten keine Gegenwehr.

Ein Viertelstündchen später, es könnte aber auch etwas mehr Zeit vergangen sein, rappelten wir uns wieder auf um unser Werk mit dem *INGRINCHEN* zu vervollständigen.
Die bisherige Vertäuung des Beibootes an der *INGRINE* wurde gelöst und dann das Beiboot längst zum Steg wieder vertäut, hier lag es fester am Steg, wenn der Motor gleich am Spiegel montiert werden sollte.
Da der Motor wie auch die Montage neu für mich waren hatte ich keine Ahnung, ob der Motor direkt beim ersten Anlauf seinen genauen und sicheren Platz fand oder ob mehre Anläufe zur Befestigung nötig waren.
Kritisch wurde noch einmal alles in Augenschein genommen, und dann der Außenborder oben von der Halterung an der Reling abgenommen.
Zu zweit wuchteten wir das Motörchen vom Deck der *INGRINE* auf den Ponton und legten ihn dann neben das Boot an die vorgesehene Stelle für den Motor.
Helga kletterte in das Beiboot herunter und ich gab ihr vom Steg aus den Motor an, den ich von oben an einer Leine hielt, um das Gewicht des Motors für sie zu vermindern.
Die Hilfsmaschinistin setzte wie vorher erklärt und abgesprochen den Motor auf dem Motorspiegel am Heck des Beibootes auf und zog die Sicherungsschrauben an, somit konnte der Motor wenigstens nicht mehr ins Wasser fallen.
Die Plätze wurden getauscht und ich vollendete das Festschrauben des Motors, nachdem ich vorher noch eine Feinjustage von Sitz und Position des guten Stückes vorgenommen hatte.
Nun saß das Ding an seinem Platz und das Ganze sah auch so aus, als ob das so alles richtig wäre.
Und aus dem Umfeld im Hafen war bisher auch noch kein lautes Gelächter zu vernehmen gewesen.

Teil   I   Motor montiert   erledigt   ✓

Jetzt kamen die nächsten Schritte dran, die Fixierungsschrauben wurden gelockert, nun konnte man den Außenborder um die Längsachse drehen und somit war das Boot lenkbar.

Teil   II   Motorachse gelöst   erledigt   ✓

Der Motor hatte eine einstellbare Neigung, man spricht vom Trimm. Diese hebt das Boot bei Fahrt vorne mehr oder weniger aus dem Wasser, um den Strömungswiderstand zu vermindern. Ich entschied mich für eine eher neutrale Einstellung, da ich mit dem Beiboot keine schnellen Fahrten eingeplant hatte.

Teil   III   Trimmung eingestellt   erledigt   ✓

Die heiße Phase vom Projekt Beiboot war angebrochen. Ich war kurz vor dem Anlassen von dem Ungetüm. Eine letzte Kontrolle erfolgte, ob auch ja alle Hebel in der richtigen Position waren.

Getriebe ausgekuppelt   ✓

Benzinhahn und Tankbelüftung geöffnet   ✓

Handgasgriff in die Grundstellung   ✓

Nun gab es kein Zurück mehr. Hoffentlich sind die Rettungskräfte in Frankreich schnell vor Ort. Wie auf dem Motorenkurs vor einem Jahr gelernt zog ich einmal vorsichtig am Handstartseil bis ich einen leichten Widerstand spürte und ließ es danach wieder einspulen.

„Vater unser ….."

Mit einem kräftigen Zug, der aber nur einen Bruchteil des Kraftaufwandes im Vergleich zum Handstartseiles des Dieselgenerators brauchte, zog ich am Starterseil und das Motörchen sprang sofort an und tuckerte ruhig vor sich hin.

War doch gar nicht so schwer.

Der Motor lief ganz ruhig in einer konstanten Drehzahl und nahm meine vorsichtigen Versuche, Gas zu geben, sofort an. Bei keiner Drehzahl war das Geräusch des Motors entweder unangenehm oder zu laut. Uns erinnerte das leichte Surren an den Motorroller von Helga, der fast das gleiche Geräusch von sich gab.
Allerdings hatte der Bremsen . . .

„….Dein Wille geschehe"

Helga stieg zu mir ins Beiboot und Todesmutig wurde die Vertäuung, die das *INGRINCHEN* bisher noch am Steg hielt, gelöst.
Der Vorwärtsgang wurde eingekuppelt und sofort ging die Fahrt los, wenn auch mit langsamster Geschwindigkeit, da ein Außenbordmotor im Gegensatz zu Landfahrzeugen keine Kupplung hat.
Vorsichtig wurde die Lenkbarkeit ausprobiert, das Bötchen reagierte aber gut auf jede Bewegung an der Ruderpinne. Allerdings kam uns der gegenüberliegende Steg immer näher.

Wie war das noch einmal mit dem Anhalten?

Ich konnte mich noch gerade an ein paar Grundkenntnisse vom Fahren mit Außenbordern erinnern und so gelang es mir, das Getriebe wieder auszukuppeln, aber mit dem Restschwung ging es immer noch vorwärts, zwar langsamer wie vorher, aber von Anhalten war nicht viel zu merken.

„Ach ja, Rückwärtsgang kurz einlegen, damit stoppt man doch auf", schoss es mir durch den Kopf.

„Das hätte mir auch direkt einfallen können, bevor ich hier fast die Hafenanlage versenke", so mein weiterer Gedanke.

Mit dem letzten Restschwung trieb ich seitlich an den gegenüberliegenden Steg und konnte uns dort erst einmal festhalten. Noch immer lief der Außenbordmotor, es waren aber keine Sirenen zu hören und wir konnten auch kein Geschrei von von uns überfahrenen Leuten vernehmen. Im Hafenbecken hinter uns trieb auch kein versenktes Schiff, also kann das gar nicht so schlimm gewesen sein.

Tief Luft geholt, war doch halb so schlimm.

Erneut wurde das Getriebe eingekuppelt und bedächtig Gas gegeben, langsam hatte ich den Bogen raus und bekam ein Gespür für das Fahren mit dem Ding.
Helga hielt sich auch nicht mehr so verkrampft an den Haltegriffen am Boot fest, zumindest verschwand der blaue Farbton der Haut an den Händen und die Finger schimmerten wieder in der natürlichen Farbe ihrer Haut.
Bis zum aufrechten Stehen im Boot, wie es Roy beim Fahren mit seinem Boot vollzieht, ist es aber noch ein weiter, sehr weiter Weg.

Jetzt fing das sogar an, richtig Spaß zu machen.

Wir kreuzten im Hafenbecken hin und her, mal mit mehr und mit weniger Speed. Voller Übermut wagten wir uns immer weiter weg von der rettenden Bordwand unserer *INGRINE*.
Zuletzt ging es aus unserem Stegbereich heraus und ab nach nebenan in das andere Hafenbecken, auch dort waren keine anderen Boote unterwegs, die wir versenken konnten.

Nach unserer letzten Kurve im inneren Hafenbereich beschlossen wir todesmutig, es mit dem Fahren auch einmal auf der Saône zu versuchen.
Also wurde umgedreht und gemütlich nahmen wir Kurs auf den vorderen Bereich des Hafens bei den Gastliegern und der Hafenausfahrt.
Kein Schiff von links, kein Schiff von rechts, also raus auf den Fluss.
Auf der breiteren Wasserfläche waren natürlich mehr kleine Wellen als im Hafenbecken, aber unsere *INGRINCHEN* lag auch hier in freier Wildbahn super im Wasser.
Die Ausflugstour ging hoch zu der Tonnenstrecke und dann rüber zum Kanuclub und zurück zum Slipbereich der Jetskifahrer.
Jetzt erwachte auch meine Steuerfrau aus dem Koma und wollte es auch einmal versuchen.
Ich erklärte ihr die Funktionen von dem Getriebehebel und wie das Gas funktionierte. Wir wechselten die Plätze im Boot und Helga durfte anschließend ihren Kapitän zurück zum Hafen fahren.
Auf dieser Tour kamen wir auch wieder an der *OLIMAR* vorbei, auf der Ralph und Anita aufmerksam unser Treiben beobachtet hatten. Wir legten bei den Beiden einen Halt ein und ich machte dort den Motor aus.
Im Schatten der *OLIMAR* war es angenehm kühl und auf dem Steg und auf dem Schlauchboot sitzend nutzten wir die Gelegenheit zu einem weiteren Plausch.
Wir hatten uns dort wohl festgequatscht und merkten dies erst als Carole zur *OLIMAR* kam um dort das Liegegeld für die kommende Nacht zu kassieren.
Carole foppte Helga etwas damit, wo sie denn sei, ihre Arbeit als Bootseinweiser würde rufen, und sie säße dort im Schatten herum und würde ihr nicht helfen. Anita war überrascht darüber, dass wir mit Carole Englisch sprachen, und wir erklärten es ihr:
Roy und Carole sind beide Engländer und waren früher mit ihrem Schiff in Holland, Frankreich und Belgien als Frachtschiffer unter-

wegs gewesen. Nach dem Bau des Hafens hier in Auxonne haben sie für die Firma H$_2$O den Port Royal als Hafenmeister übernommen und lebten nun hier fest auf ihrem Schiff *HAZELWOOD* im Hafen von Auxonne.

Es half alles nichts, irgendwann mussten wir uns von Ralph und Anita loseisen und unseren heutigen Ausflug beenden. Die Beiden wollten noch zum Essen in die Stadt und unser Grill rief auch schon nach uns.

Der Außenborder wurde wieder angelassen und nach dem Verabschieden ging es zurück zu unserer *INGRINE*.

Helga half Carole noch bei zwei ankommenden Mietbooten, während ich unten den Salat für unser Abendessen vorbereitete.

Nach dem Essen wurde der Tisch abgeräumt und dann konnten wir oben an Deck den bunten Himmel und den Sonnenuntergang genießen, so wie wir es bisher hier so oft erleben konnten.

Der nächste Sonntagmorgen brach an und nach dem Kaffee ging es nach Oben an Deck, wollten wir uns doch nachher ausführlich von Ralph und Anita verabschieden, die sich auf ihre weitere Rückfahrt nach Corre ins Winterlager machten.

Kurz vor neun Uhr war es dann soweit, die Beiden kamen auf einen letzten Abschiedsschwatz zu uns an die *INGRINE*.

Unsere Anschriften und Kontaktadressen für eMail hatten wir bereits vor Wochen in Lyon ausgetauscht und wir wollten auf jedem Fall in Kontakt bleiben.

Der wehmütige Moment des Abschiedes war gekommen. Vielleicht schaffen wir es zu einem späteren Zeitpunkt noch einmal, mit der *OLIMAR* und der *INGRINE* zusammen auf eine Fahrt zu gehen, worüber wir uns Alle freuen würden.

Für heute war zumindest Schluss mit unseren gemeinsamen Abenteuern, die Schweizer Bootsfreunde fuhren nach Corre in ihr Winterlager und wir würden am frühen Nachmittag die Heimreise nach Düsseldorf antreten, da unser Wochenende auch vorbei war, am Montag mussten wir beide in Düsseldorf wieder zur Arbeit gehen.

Wir winkten und schauten der *OLIMAR* noch lange hinterher, bis sie oben in der Kurve hinter der Wasserskistrecke aus unseren Augen verschwand.

Welch unerwartete Begegnung das doch gewesen war, wir hatten uns sehr über das Wiedersehen mit der Crew der *OLIMAR* und dem intensiven Austausch unserer Erinnerungen gefreut und fiebern bereits jetzt einem neuen Treffen entgegen.

Gewünschter und unerwünschter Besuch an Bord

Unser nächstes regulär geplantes Wochenende Ende Juli in Auxonne war erneut ein kleines Highlight für uns, durfte doch unser zweijähriges Enkelsöhnchen Mirko mit uns das Wochenende auf unserem Schiff verbringen.
Die Anfahrt am Freitagnachmittag und die Ankunft am Abend war unspektakulär, hatte er doch die meiste Zeit im Auto geschlafen, was auch so beabsichtigt war, damit es ihm nicht zu langweile würde.
Bei unserer Ankunft in Auxonne irgendwann nach einundzwanzig Uhr war der nächtliche Kunstmarkt noch voll im Gange und selbstverständlich nutzten wir noch die Gelegenheit, um mit ihm das Lichtermeer der Marktstände zu bewundern.
Überall gab es irgendetwas zu sehen oder zu riechen, Stände mit gebrannten Mandeln oder Crêpes, Kunstgewerk, aber auch Spielzeug mit allerlei Lichteffekten, die natürlich die Aufmerksamkeit von Mirko am Meisten weckte. Nach unserem Rundgang am Auto zurückgekehrt wurde Oma Helga mit Mirko auf einem zweiten Besichtigungsexkurs geschickt, so konnte ich in Ruhe unser Gepäck für das Wochenende auf unsere Handkarre umladen. Mit Taschenlampe gewappnet ging es später mit dem Gepäck und den Beiden im Schlepptau zum Ponton und zur *INGRINE*.
Unsere paar Taschen waren ruckzuck an Bord geschafft und verstaut worden, so konnten wir uns noch etwas mit Mirko beschäftigen, bevor es dann Zeit wurde für die Kojen und wir alle müde in die Federn fielen.
Der ganze Samstag war geprägt von dem Beschäftigungsprogramm für unseren kleinen Matrosen, das seinen Anfang mit einer Einkaufstour im Supermarkt hatte.
Die für das Wochenende benötigten Lebensmittel, Wasser und auch andere Getränke waren rasch beisammen und nach gar nicht so

langer Zeit ging es wieder zurück an Bord. Selbstverständlich landete auch eine größere Menge Schokoladeneis in unserem Gefrierschrank.

Den ganzen Tag über gab es Ballspielen, Bootfahren mit dem Beiboot, Steinchen ins Wasser werfen, kurzum eine Aktivität folgte der anderen und es kam keine Langeweile auf.

Zumindest nicht bei unserer Bordanimateurin.

Mit der Oma ging es auch mehrmals hoch zum Damm, um den Wasserskifahrern oder den Segelbooten zuzusehen. Das Programm musste am Nachmittag zweimal unterbrochen werden, da das Eis im Gefrierschrank auf seine korrekte Lagertemperatur hin überprüft werden musste, aber zum Glück bot sich Mirko an, uns dabei mit fachlichem Rat zur Seite zu stehen.

Am Abend gab es dann nach dem Abendessen noch einen Spaziergang rüber zum kleinen Tümpel auf der gegenüberliegenden Seite der Hafeneinfahrt, um dort mit Mirko die Enten zu füttern.

Zum Glück fallen an einem Tag in Frankreich immer genügend Baguettereste an, die man irgendwo an Schwäne oder Enten verfüttern konnte.

Meistens kamen die Wasservögel aber zu uns ans Boot herangeschwommen, um sich das Brot dort abzuholen. Den ganzen Tag ließ sich das Federvieh aber nicht blicken, so kamen wir den gefiederten Freunden heute mit dem Brot also entgegen.

Mirko hatte seinen Spaß dabei, die vielen Enten dort mit Brotresten zu versorgen, aber leider konnte er nur noch nicht so weit werfen und das eine oder andere Brotstück landete im Grünstreifen zu seinen Füßen, der den Tümpel umgab. Da musste Oma oder Opa dann eben nachhelfen.

Den Rückweg schaffte Mirko dann allerdings nicht mehr auf seinen eigenen Füßen und zum Glück und in weiser Voraussicht hatten wir den kleinen Kinderwagen mitgenommen, der nun zum Einsatz kam.

Zurück an Bord viel Mirko todmüde ins Bett und war fast sofort eingeschlafen.

Die anschließende Nacht war ruhig und der Sonntagmorgen bescherte uns doppelten Sonnenschein.
Der Himmel war klar und wolkenfrei und unser kleiner Gast schon früh wach.
Oma Helga hatte die erste Schicht und musste den Toaster aktivieren, um unseren kleinen Mitbewohner zu versorgen, der ihr beim Tischdecken auch eifrig helfen tat.
Die extra gekaufte Schokoladencreme zierte später nicht nur das Toastbrot, sondern auch einen großen Teil der Hautoberfläche in Mirkos Gesicht, aber zum Glück hatten wir ausreichend Servietten an Bord.
Nach dem Frühstück ging es nach oben auf das Sonnendeck zum Spielen, bis zu unserer Rückfahrt am Mittag hatten wir noch ausreichend Zeit dazu.
Oben an Deck wurde mit dem mitgebrachten Spielzeug gespielt. Zusätzlich gab es von hier oben so viel zu sehen, die ganzen vielen Boote im Hafen, der Junge wusste gar nicht, wohin er zuerst sehen sollte.
Seinen besonderen Spaß hatte er daran, der Oma die Fleischwurstscheiben vom Brot zu klauen, das sie sich zum zweiten Frühstück angerichtet hatte.
Aber die Oma hatte ein großes Herz und auch ausreichend Wurstscheiben geschnitten, so kam niemand zu kurz dabei.
Leider raste die Zeit an diesem Wochenende nur so dahin und bald kam die Zeit für unsere Rückfahrt immer näher.
Ich machte mich mit Mirko auf zu einem Landgang Richtung Mülltonne, die Zwischenzeit wollte Helga nutzen, um die Taschen zu packen und etwas Ordnung an Bord zu schaffen.
Mirko lief die Strecke zum Müllcontainer doppelt und dreifach, mal lief er vor, um dann umzudrehen und zu mir zurückzukommen, dann lief er wieder vor, anschließend wiederholte sich das ganze Prozedere mehrfach.
Nach gefühlter Stunde endlich am Müllcontainer angekommen wurden die Tüten in die entsprechenden Behälter geleert und dann

sollte es zurück zum Boot gehen um Helga beim Rest des Packens zu helfen.

Mirko schaute mich an, als ich ihn die Hand gab, um den Rückweg zur *INGRINE* anzutreten und fing aus heiterem Himmel an bitterlich zu weinen.

Nanu, Was ist denn nun los?

Irgendetwas schluchzte Mirko, aber ich konnte ihn kaum verstehen, so aufgelöst war er.

Entchen!

Endlich hatte ich ihn verstehen könne.

Die Enten. Zum Müllcontainer war es derselbe Weg wie am Vortag zu den Enten und er hatte wohl gedacht, ich würde mit ihm noch einmal zu den Enten gehen.

Der kleine Kerl tat mir in dem Moment so leid, dass ich ihn mir schnappte und auf dem Arm nahm.
„Na komm, Opa geht mit dir noch einmal zu den Enten", was sollte ich denn auch anderes machen.
Nur hatte ich diesmal leider kein Brot dabei, die paar Reste vom heutigen Tag waren zuvor in der Mülltonne gelandet.
Als Mirko merkte, dass ich nun den richtigen Weg einschlug hatte er sich schnell wieder beruhigt.
Nur Oma Helga schimpfte etwas nach unserer Rückkehr, da sie fast eine Vermisstenmeldung abgesetzt hatte.

Am Nachmittag ging es auf die Rückfahrt nach Deutschland und Mirko wurde von uns unversehrt bei den Eltern in Grevenbroich abgeliefert.

Mirko hatte das Wochenende scheinbar toll gefallen, denn er fragt seit dem Tag immer wieder nach dem Boot und will mit uns nach Frankreich fahren, zu den Enten und dem Schiff.

Wir freuen uns schon auf einen dann hoffentlich längeren Besuch bei uns an Bord.

Im August hatte ich erneut zwei Wochen Urlaub, allerdings konnte meine Bordfrau nicht die ganze Zeit mit nach Frankreich kommen, ihre Arbeit erlaubte ihr zu dem Zeitpunkt keine volle Abwesenheit. Wir hatten hin und her überlegt wie wir das nun machen und uns dazu entschlossen, dass ich zum Boot vorfuhr und Helga kam nach einer Woche für die zweite Woche gemeinsamer Ferien nachgeflogen.
Das Abholen in Basel am Flughafen hatten wir schon mehrfach praktiziert und der kurze Flug von Düsseldorf nach Basel dauerte knapp eine Stunde, und mit dem Auto brauchte ich von Auxonne bis zum Flughafen Basel/Mulhouse knapp zwei Stunden. Der Flug selber kostete in der Regel um die siebzig Euro, und ohne Gepäck, das hatte ich bereits mitgenommen, war das Einchecken und die Ankunft turbomäßig schnell erledigt. Zu diesen Kosten und dem Zeitaufwand hätte ich sie nicht in Düsseldorf abholen können.
Ich nutze die erste Woche an Bord dazu, das Bad in der Achterkabine zu renovieren und die vordere Dusche umzubauen. Der Platz dort war ideal für unsere kleine Bordwaschmaschine, die wir uns vor kurzen gekauft hatten. Die Duschwand wurde aus der vorderen Dusche abgebaut und in der hinteren Dusche neu eingepasst. Die Waschmaschine wurde auf den Bodenrost der Dusche platziert und hatte dort einen festen und sicheren Stand. Der Wasserzulauf wurde an die vorhandene Mischbatterie für die jetzt ehemalige Dusche angeschlossen, der Wasserablauf fand seinen Weg über den Ablauf der Duschwanne und der Stromanschluss wurde bei Betrieb mittels Verlängerungskabel aus dem Verteilerkasten über der Toilette bezogen. Perfekt.

Den freien Platz über der Maschine nutzte ich noch für ein Regal, das ich dort einpasste.
Somit hatten wir eine gute Ablage für unsere Reinigungsutensilien und die beiden flachen Trommeln mit den Wasserschläuchen zum Befüllen unseres Wassertanks bekamen dort auch einen ordentlichen und sauberen Platz.
Endlich war Schluss mit dem Gerümpel, das immer von einer Ecke in die andere geräumt worden war.
Da ich so richtig in Bastellaune war wurde auch noch das Ladegerät für unsere Bordbatterien in die Zugangstüre eingebaut. Somit hatte auch das jetzt einen festen Platz bekommen.
Die restliche Zeit der Woche wurde mit kleineren Werkeleien verbracht, im und am Boot gibt es immer etwas zu basteln.
Nachdem ich meine Crew am Freitagabend vom Flugplatz abgeholt hatte war die restliche Woche dem Erholungsurlaub und dem Relaxen gewidmet.
Das anhaltend gute Wetter erlaubte uns tägliche kleine Touren ein paar Kilometer die Saône hoch, dort hatten wir einige schöne Stellen gefunden, an denen wir im Schatten gemütlich mit unserem Schiff der Mittagshitze entfliehen konnten.
Diese Gelegenheit nutzten wir dann auch dazu, ausgiebig mit unserem Beiboot herumzuflitzen, da wir hier in freier Wildbahn niemanden mit dem Bötchen störten.
An einem dieser Plätze vollendete ich dann auch endlich ein schon vor langer Zeit angefangenes Projekt, das aber immer wieder aufgeschoben wurde. Die seitlichen Kettenläufe des nun schon seit langer Zeit nicht mehr benutzten Schiebedaches wurden vollständig verkleidet und verschwanden hinter einer soliden Kunststoffabdeckung.
Das sah nicht nur einfach besser aus, sondern verschloss uns auch einige Stellen, an denen entlang der Kettenführungen bei Regen geringe Wassermengen ins Innere und in die Bilge gelangen konnten. Und die Schmutzstellen hinter den Kettenlaufschienen waren nun auch abgedeckt, also nicht mehr sichtbar.

Am Freitagabend war es wieder einmal so weit, Roy und Carole hatten im Vorfeld mächtig die Trommel gerührt und die Dauerlieger, zumindest die, die derzeit im Hafen anwesend waren, trafen sich nach neunzehn Uhr zu einem gemeinsamen Grillen oben auf dem Damm an der Capitainerie.
Sein Essen und die Getränke brachte jeder selber mit, nur für das Grillfeuer war durch Roy gesorgt worden.
Selbstverständlich brachte so mancher irgendwelche Spezialitäten aus seiner Heimat mit, um diese den anderen Teilnehmern zum Kosten anzubieten.
Ich musste für unseren Beitrag zum Herumreichen frische Bruschettas zubereiten, da meine Kombüsenfachkraft heute streikte und außerdem befand, das ich dazu ein Händchen hätte und ich diese machen sollte.
Nicht zu vergessen und zu erwähnen war, dass die zwei Backbleche mit den unzähligen Baguettesscheiben später in kürzester Zeit ihre Abnehmer gefunden hatten.
Wir hatten wie immer einen schönen und abwechslungsreichen Abend in der Gemeinschaft verbracht und dort auch wieder einige neue Leute kennengelernt. Eine besondere Freude war es für uns, dort auch einmal französischen Bootseignern zu begegnen, da der größte Teil der Teilnehmer aus Engländern, Australiern, Neuseeländern und auch Schweizern bestand und der größte Teil der Unterhaltung an solchen Abenden in Englisch erfolgte, zumal diese Teilnehmergruppe nicht sehr viel Französisch sprach.
Das war auch der Grund, warum Liliane und Claude von der *IDEFIX* bisher solche Treffen gemieden hatten, da die Beiden wiederum kein Englisch sprachen. Bei der Begrüßung waren wir bereits ins Plaudern gekommen und der Rest des Abends saßen wir gemeinsam am Tisch beisammen.
So konnte ich mich auch einmal wieder an eine Unterhaltung in Französisch wagen und daran erfreuen, man hat doch so viel vergessen, seitdem wir vor vielen Jahren unseren Wohnwagen in Südfrankreich aufgegeben hatten.

Zu vorgerückter Stunde verlief sich die Gesellschaft wieder, nachdem zuvor in einer gemeinsamen Aktion alles aufgeräumt wurde. Mit unseren Stühlen unter dem Arm ging es zurück an Bord und wir erwarteten noch ein weiteres Schmankerl an dem Abend, mein jüngste Sohn kam mit seiner Freundin zum Wochenende zu Besuch.
Die Fahrt dauerte länger als gedacht und um kurz nach Mitternacht trudelten die Beiden bei uns im Hafen ein. Nach einer kurzen Meldung per SMS, sie hätten nun Auxonne erreicht, begaben wir uns zum Parkplatz, um die Beiden dort in Empfang zu nehmen.
Gepäck brauchte für die zwei Tage nicht entladen werden, einzig eine Tasche befand sich in dem Auto, die sich Frederik dann überschulterte.
An Bord der INGRINE konnten sich die Beiden in der hinteren Kabine einrichten, die wir als Gästekabine hergerichtet hatten, in der Zwischenzeit wurde eine Pizza im Backofen aufgebacken, wir hatten uns darauf eingerichtet, dass die Zwei noch nicht oder nur eine Kleinigkeit gegessen hatten.
Nach dem Essen saßen wir noch eine Weile zusammen, bevor dann endgültig für diesen Tag das Licht ausging.
Am nächsten Morgen, dem Samstag, waren wir zu bewohnt früher Stunde wach, unsere Gäste ließen aber auch nicht so lange auf sich warten.
Der Kaffee war bereits fertig und das Frühstück konnte beginnen. Helga hatte am Morgen frisches Baguettes im Ort geholt, was den Gästen auch gut zu schmecken schien.
Gegen zehn Uhr wurde der Motor gestartet und wir machten uns fertig für die Abfahrt. Vorher verabschiedeten wir uns noch von Pete und Aida von der *HONINGDRANK* aus Australien, die am Mittag ihre Heimreise per Bahn und Flugzeug antreten wollten.
Alles war zurück an Bord, also konnten die Festmacher gelöst werden und langsam ging es aus unserer Box heraus und aus dem Hafen.

Wegen dem Kurzbesuch hatten wir keine Zeit für eine ausführliche Tour, deshalb hatten wir uns überlegt, heute nach Saint Jean de Losne zu fahren um am Abend wieder zurück im Hafen zu sein.
Für die einfache Strecke benötigten wir knapp zwei Stunden, mit Aufenthalt dort für einen kleinen Rundgang war das also gut zu schaffen und ohne Stress auch schaffbar.
Mit Freddy waren wir schon öfters auf dem Boot unterwegs gewesen, aber Carina war neu an Bord und völlig ohne Vorkenntnisse in der Flussschifffahrt, daher war auch die Passage der Schleuse von Auxonne schon etwas Neues für sie.
Ich hatte durch den Zuwachs bei der Crew weniger Arbeit, übernahm doch Freddy die Achterleine, während Helga wie gewohnt die Bugleine bediente.
Für mich blieben die Kommandos und der Fotoapparat übrig, mit dem auch gut zu tun hatte.
Zehn Minuten später und zwei Meter tiefer ging es aus der Schleuse heraus und zurück auf die Saône.
Hier überließ ich Freddy und Carina das Ruder und machte es mir oben an Deck im Liegestuhl gemütlich.
Wir hatten prächtiges Wetter und kaum Betrieb auf dem Wasser und kamen somit gut voran.
Zur Mittagszeit erreichten wir Saint Jean de Losne und versuchten hier einen Platz zum Anlegen zu erwischen, was uns aber leider nicht gelang. Der Anleger am Campingplatz war restlos voll und am Quai National war ebenfalls kein Plätzchen für uns frei. Wir machten einen Abstecher in den Innenhafen, dem Gare de Eau, um dort nach einer Möglichkeit zum Anlegen zu suchen, aber auch dort war im Moment kein Platz frei.
Nach einer kurzen Beratschlagung über unser weiteres Vorgehen entschlossen wir uns dazu, anstatt auf einen freiwerdenden Platz zu warten den Hafen zu verlassen und oberhalb von Saint Jean de Losne einen Liegeplatz für den Nachmittag im Schatten der Bäume zu suchen, so wie wir es bisher die ganze Woche zuvor oberhalb von Auxonne an der Saône gemacht hatten.

So hatten wir mit unseren Kurzzeitgästen zumindest eine schöne Hafenrundfahrt in Saint Jean de Losne erlebt, bei denen die hunderte von Booten im Binnenhafen gewundert werden konnten.
Wir tuckerten also mit dem Schiff den Fluss wieder bergauf unserem Pausenplatz und der Mittagspause entgegen.
Gegenüber vom alten Sandverladeplatz bei Mailly haben wir uns dann am Ufer unter ein paar Bäume in den Schatten gelegt und dort den Nachmittag verbracht.
Ich schmiss den Grill an und Freddy durfte sich als Grillmaster betätigen, die Damen quälten sich derweil mit einem Salat ab, der nicht in die Schüssel hüpfen wollte und ich bewachte in der Zwischenzeit die Karaffe mit dem Rosé.
Wir hatten uns wirklich einen schönen Platz ausgesucht, hier mitten in der Pampa. Hinter dem Uferbäumen führte ein Feldweg parallel zum Fluss entlang, dahinter gab es Wiesen und Weiden mit Pferden und Kühen in der Ferne.
Der Bereich entlang des Weges war in den letzten Tagen wohl gerade erst gemäht worden, es roch überall angenehm nach dem frisch geschnittenen Gras, das passte prima zu unserem Picknick hier unter den Bäumen.
Nachdem die Sonne zum späteren Nachmittag nachließ machten wir uns auf unseren Rückweg nach Auxonne, unsere Box im Hafen war wie immer frei und wartete bereits auf uns.
Zum Abend gab es später noch eine Kleinigkeit zu essen und zu später Stunde machten wir uns noch gemeinsam auf, um bei einem Landgang in Auxonne unseren Gästen etwas von der Stadt zu zeigen, die sich mit ihren reichlich bunt bepflanzten Blumenbeeten auch bei einsetzendem Laternenlicht von ihrer besten Seite zeigte.

Der nächste Morgen war dann leider nicht so erfreulich, es regnete überraschend und entgegen der Wettervorhersage.
Aber das nützte auch nichts, unser Kurzzeitbesuch musste sich für die Rückfahrt vorbereiten.

Das minimale Gepäck war rasch zusammengepackt und nach dem Frühstück machten sich die Beiden wieder auf die Rückfahrt nach Düsseldorf, Freddy musste am Abend in die Nachtschicht zur Arbeit und Carina am nächsten Morgen auch früh raus.
Für die Stammcrew blieb noch eine kleine Galgenfrist, da wir zwar auch zurückfahren mussten, uns aber wie üblich erst am Nachmittag auf dem Weg machten.
Zum Glück ließ der Regen später nach und auch wir kamen halbwegs trocken nach Hause zurück.

Nach einem weiteren Besuch zu einem Wochenende Anfang September hatte ich zur zweiten Septemberhälfte noch einmal eine Restwoche Urlaub zur Verfügung, zu der ich wie schon vormals mehrfach praktiziert alleine nach Auxonne fuhr, um ein paar Tage das Leben an Bord zu genießen, aber auch um ein paar Schönheitsreparaturen durchzuführen. Helga konnte sich als Kantinenleiterin nicht von ihrem Job loseisen und sollte am Freitag nach ihrer Arbeit wieder mit dem Flieger nachkommen, den Flug dafür hatte ich ihr spendiert.
Die Anreise erfolgte am frühen Samstagmorgen, so war ich ausgeruhter am Boot und brauchte mich nicht so abhetzen, die Fahrt war so wesentlich entspannter. Die Anfahrt nutzte ich auch direkt dazu, frühmorgens einen Stopp am Supermarkt einzulegen und mich mit den nötigsten Lebensmitteln für die ersten Tage einzudecken. Am Hafen wurden meine Tasche und die Einkäufe auf das Boot umgeladen. Aus Deutschland hatte ich mir Isoliertafeln mitgebracht, damit wollte ich in den nächsten Tagen die vordere Wand und die Decke in unserer Kabine neu auskleiden, da die alte Abdeckung schon sehr unansehnlich war.
Nach dem Umladen von meinem Gepäck wurde das Auto zurück auf den Parkplatz gebracht und ich machte es mir nach dem Einräumen der Einkäufe in Kühl-und Gefrierschrank erst einmal oben im Liegestuhl gemütlich.

Die Sonne meinte es wie so oft gut mit mir und es ließ sich prima hier aushalten. Am Mittag gab es eine Kleinigkeit zu essen und ich machte mich über die Notizen zu meinem ersten Buch her, das langsam Gestalt annehmen sollte, wenn ich es bis zum Herbst fertigstellen wollte.

Und Weihnachten ist es dann auch wieder schneller als man denkt, wollte ich doch den einen oder anderen aus der Familie mit dem Buch als Geschenk überraschen.

Über Nachmittag zog sich der Himmel bedenklich zu und der Wind frischte auf. Es sah schon sehr nach Regen aus, blieb aber dann letztendlich doch trocken.

Der folgende Sonntag war geprägt von umfangreichen Aktivitäten in der Hafennähe, es stand ein Triathlon auf dem Programm. Von der Brücke bis hoch zu unserer Hafeneinfahrt war die Schwimmstrecke in der Saône abgesteckt worden, für das Radrennen war die Straße zwischen Saint Jean de Losne und Auxonne abgesperrt worden und der Laufteil führte auf dem Weg um das Hafenbecken herum und dann irgendwo durch den Wald und die Felder.

Den ganzen Vormittag hörte man nur die Lautsprecher unten an der Brücke, am Nachmittag kam dann Bewegung in den Fluss, die Schwimmer waren unterwegs.

Ich schaute mir einen Teil des Schauspiels oben am Damm mit ein paar Hafennachbarn an, es war interessant so etwas mal zu sehen, konnte mich aber dann doch nicht ernsthaft von dem geschehen begeistern lassen.

Um vier Uhr war dann das Spektakel im Fluss vorbei und wie abgesprochen zog sich der Himmel wieder so düster zu wie am Vortag, aber auch heute viel kein Regen, obwohl die Wolken extrem schwarz und bedrohlich aussahen.

Dafür wurde ich dann am Montagmorgen vom Regen geweckt. Es trommelte unaufhörlich auf die arme *INGRINE* und der Regen wollte und wollte einfach nicht aufhören. Mir blieb nach dem Kaffee nichts Anderes übrig als trübe aus den Socken und aus dem Fenster zu schauen.

Viel lieber hätte ich jetzt die Sitzfläche meines Liegestuhles weiter getestet, aber damit war bei dem Wolkenbruch vorerst nicht zu denken.
Und zum nötigen Einkaufen wollte ich auch nicht raus, da wäre ich noch nicht einmal trocken bis zum Land gekommen, geschweige denn hoch bis zum Auto, also musste das auch warten.
Mir blieb also nichts Weiteres übrig, als mir das Werkzeug zu holen und mit der Erneuerung der Wandverkleidung anzufangen.
Draußen tobte noch immer der Regen, aufgepeitscht von den Windböen, die sich in der Zwischenzeit dazugesellt hatten. Der einzige Vorteil von den apokalyptischen Wassermassen bestand aus einer gründlichen Außenreinigung meines Schiffes, aber das hätte ich auch lieber mit Wasserschlauch bei Sonnenschein gemacht.
Wenigstens zur Mittagspause kam dann die Sonne zum Vorschein, somit konnte ich die mir zustehende Erfrischung in Ruhe oben an deck genießen.
Nach dem Essen schnappte ich mir die kleine Lenzpumpe und hab dann erst einmal das *INGRINCHEN* von den Wassermassen befreit, die sich durch den Regen dort im Innern angesammelt hatten.
Um mich für die bisherige Arbeit unten in der Kabine zu belohnen erlaubte ich mir eine kleine Rundfahrt mit dem Bötchen, nachdem es halbwegs trocken war.
Also wurde der Außenbordmotor gestartet und los ging es. Diesmal zog es mich mit dem Bötchen auf die andere Seite der Saône und ich fuhr das gegenüberliegende Ufer Richtung Wasserskiverein runter. Hier war ich bisher noch nie langefahren, mit der *INGRINE* ging das nicht, da das Fahrwasser auf der anderen Seite ausgetonnt war und es hier am Ufer auch verkrautet und flach war. Von hier aus machte ich ein paar schöne Aufnahmen von unserem Hafen, den wir aus dieser Perspektive so vorher noch nicht gesehen hatten. Weiter ging es bis zur Anlandungsstelle und der Sliprampe, dort war das Wasser noch gut einen Meter tief. Auch von hier wurde der Stadtanleger verewigt, ein paar Mietboote lagen dort, auch ein schönes Motiv.

Es zog mich noch ein Stückchen weiter und ich unterquerte die Strassenbrücke der D 905. Hier gab es noch einen ehemaligen Wassereinlauf oder einen Zugang zu einer ehemaligen Fuhrt, das konnte man am Gelände deutlich erkennen und viel einem von Oben aus nicht auf.
Das Restaurant Le Grillades wurde auch noch verewigt, hier hatten wir bei unserer allerersten Tour mit Pascal und Lorena an einem Ostersamstag gegessen. Ich lag nun unmittelbar vor dem Nadelwehr und wollte mir auch dieses noch etwas mehr aus der Nähe ansehen, dazu hat man sonst keine Gelegenheit, führt doch das Fahrwasser auf der anderen Seite der kleinen Insel entlang, die es hier gab. Das Grollen und Brummeln im Himmel bewog mich aber dazu, mir den selbigen Mal näher zu betrachten, sehr dunkle Wolken waren bereits an mir vorbeigezogen, ohne dass ich dies bemerkt hatte. Ich hatte auch keine Lust auf eine naturdusche, also entschloss ich mich zur Rückkehr. Das war auch eine gute Entscheidung, den nicht lange nach meiner Rückkehr zum Mutterschiff wurde das Hauptventil in den Wolken wieder geöffnet und das Spektakel vom Vormittag wurde fortgesetzt.
Es folgte Teil II vom Projekt Wandverkleidung, musste ich das extra erwähnen?
Der Dienstag verlief ähnlich aufregend wie der Vortag und ich machte mir nicht die Mühe, meinen Anfall von Wandverkleidungserneuerungsitis für Fotoreportagen zu unterbrechen. Das hatte zumindest den Vorteil, dass die Arbeit wirklich vorankam.
Auf der Internetseite eines Bekannten hatte ich gelesen, dass für den heutigen Mittwoch eine Sturmmeldung vorlag. Ich las die Meldung am Morgen oben an Deck unter dem Bimini bei blauen Himmel und Sonnenschein und angenehmen Temperaturen.

„Was hat den der getrunken, und das schon so früh am Morgen"?

ging es mir durch den Kopf, da das Umfeld absolut nicht danach aussah. Ich wusste aber aus gelesenen Berichten in der Vergangenheit, dass sich das Wetter südlich von Auxonne auch schlagartig ändern kann, in einer Gemeinde vor Saint Jean de Losne hat es in den vergangenen Jahren auch verbriefte Meldungen von kleineren Tornados gegeben, also sollte man das nicht auf die leichte Schulter nehmen und im Auge behalten.

Zur Mittagszeit hin kamen immer mehr Wolken auf und der Wind nahm spürbar zu. Das Windrad meiner Wetterstation am Toppmast drehte unaufhörlich, der Wind kam konstant aus südlicher Richtung und war auffallend warm, das war sogar mir als meteorologischen Laien aufgefallen, mir wurden siebenundzwanzig Grad angezeigt.

Das Ganze wurde mir nun doch zu unheimlich, also wurde aus dem Urlaubsmodus in den Pass-auf-Modus umgeschaltet, und das war nicht das verkehrteste.

Bereits beim Zusammenklappen vom Bimini hatte ich meine Mühe, da mir die Schutzabdeckung immer wo anders hinwehte, als wo ich sie brauchte.

Zeitgleich kam ein Mietboot in den Hafen gefahren, dass unter dem Wind Schwierigkeiten beim Anlegen hatte. Roy war mit seinem Arbeitsboot rausgefahren und drückte das Mietboot in Richtung zum Steg und ich nahm zusammen mit Carole die Taue in Empfang.

Wenig später gab es metallischen Krach oben bei der Kaserne, ein Teil der blechernen Dachverkleidung war fliegen gegangen. Keine zwei Minuten später folgte der nächste Rums, auf einem anderen Mietboot war das Bimini herumgeschlagen und eingerissen.

Ich vergewisserte mich das bei mir an Bord alles gesichert war und begab mich zum Mietboot, das verlassen war, die Crew war wohl zu einem Landgang im Ort unterwegs.

Zusammen mit Peter von der *CARAT* konnten wir das Bimini zurück an seine Stelle wuchten und mit Seilresten notdürftig festbinden und so sichern.

Das Spektakel war aber noch nicht beendet, rums, der nächste Fall. Diesmal hatte es Roy erwischt, ein Teil der Abdeckung des Steuerstandes der *HAZELWOOD* hatte sich abgelöst und hing an der Seite des Daches herunter. Roy war schnell zur Stelle und konnte

das Dach sichern, bevor es ein Opfer der nächsten Windböe wurde.
Peter wurde etwas nachdenklich, seine *CARAT* lag mit dem Heck zum Wind und er fürchtete um sein Bimini und um seine Kuchenbude.
Er fragte Roy und mich, ob wir ihm dabei helfen könnten sein Schiff zu drehen, er hatte Tochter und Enkelkind zu Besuch auf dem Schiff und wollte nicht, das sich an Bord jemand Sorgen macht.
Mit vereinten Kräften drehten wir das Schiff damit der Bug dem Wind zugewandt war, so lagen seine weiteren Aufbauten im Windschatten seines Steuerstandes.
Und wieder krachte es, diesmal hatte es meinen Nachbarn erwischt. Sein Lichtermast auf dem Vorschiff war umgeschlagen und hatte eine keramische Figur zerlegt, die wie eine Galionsfigur am Mast befestigt war und nun auf dem ganzen Vorschiff verteilt in Scherben dalag.
Das bewegte mich dazu, meinen Lichtmast umzulegen, wenn er auch umschlagen würde wäre ein Solarpanel mit Sicherheit dahin.
Noch immer blies der Wind fast konstant aus Süd, Blätter wirbelten umher, und sehr viel Staub war in der Luft. Der Wind peitschte das Wasser der Saône gegen die Strömungsrichtung bergauf, der sonst ruhige Fluss sah aus wie ein wildes Meer.
Und noch immer war es sehr warm und kein Tröpfchen Regen war dabei.
Von der Kaserne waren wieder Geräusche zu hören, diesmal hatten sich einige Dachpfannen gelöst und rutschten das steile Dach hinab, um dann mit einem lauten Knall am Boden in tausend Stücke zu zerspringen.
Das Wasser, das normalerweise ruhig über das Stauwehr läuft, wurde vom Wind hochgewirbelt, teilweise waren die Wasserfontänen fast zwei Meter hoch.
Kurz vor achtzehn Uhr ließ der Sturm nach und der Wind drehte auf Nord. Es dauerte nicht lange und die Luft wurde merklich käl-

ter. Innerhalb der nächsten Viertelstunde sank die Temperatur um fast zehn Grad, zwanzig Minuten später war es fast windstill.

Vorbei?

Der Ruhe war nicht so Recht zu trauen. Auch Roy war das nicht geheuer und er ergriff weitere Sicherungsmaßnahmen, falls der Sturm am Abend oder in der Nacht wiederauffrischen sollte. Mit Tauen bewaffnet begab er sich auf Ponton B und fing an, die dort liegenden längeren Boote untereinander zu vertäuen. Somit konnten sie nicht rumschlagen und auch nicht den Steg beschädigen, falls sich eines der Boote losreißen sollte.
Nach zweiundzwanzig Uhr setzte Regen ein, zur Nacht gab es dann ein leichtes Gewitter, aber ein weiterer Sturm blieb aus.
Die ganze Nacht durch war es am Regnen und am nächsten Donnerstagmorgen war es mit achtzehn Grad im Boot spürbar kälter als die Tage zuvor.
Heute musste eine Extraschicht Aufräumen angesetzt werden, das ganze Boot war mit Blättern, Ästen und allem Anderem beschmutzt. Das *INGRINCHEN* war wieder voll Wasser gelaufen, wie mir ein Blick aus dem Fenster verrat. Im Hafenbecken trieb ein großer leerer Blumenkübel umher, an einer anderen Stelle war ein losgerissener Rettungsring zu sehen.
Bei uns im Salon tropfte an einer Stelle etwas Wasser entlang der Verschraubung des Haltegriffes durch das Dach, das musste dringend abgestellt werden.
Also kommt vorerst für mich keine Langeweile auf.
Der Himmel draußen war am Horizont Richtung Dijon stark bewölkt, über uns war er frei und schimmerte brav im gewohnten Blau herunter, um sich im Wasser des Hafens zu spiegeln. Das Echolot zeigte mir einen um zehn Zentimeter gestiegenen Wasserstand an, also hat es oberhalb von uns ganz schön geschüttet. Nach dem Aufräumen ging es später zum Einkaufen, das fiel am Vortag aus, und für die Fahrt zum Flughafen nach Mulhouse am Freitag-

nachmittag, um meine Animateuse dort abzuholen, musste ich noch auftanken.
Somit war mein Tagesablauf festgelegt und ich erlaubte mir an dem Tag nur sehr wenige Abweicher davon.
Voller Vorfreude startete der Freitag in den Tag, ab heute Abend ist die Besatzung wieder komplett. Ich wollte zuerst noch raus und über den Markt gehen, aber so richtig hatte ich keine Lust dazu.
Aber Duschen war angesagt, ich wollte doch noch die fertig abgedichtete Duschabtrennung testen. Anschließend ging es an das Aufräumen, zu viel Kürmel hatte sich in den letzten Tagen angesammelt, sah doch der Salon noch aus wie ein Kellerraum.
Die Reststücke der fertigen Wandverkleidung wurden in einen Karton verpackt und entsorgt, dann gab es auch noch den Abwasch, den bisher Keiner der auf dem Steg vorbeilaufenden Touristen auf meine Nachfrage hin für mich erledigen wollte.
Kurz vor elf Uhr ruft Helga auf dem Handy an. „Oh", dachte ich, „schon fertig mit der Arbeit, kann aber kaum sein".
Nein, das war auch nicht so. Es ginge ihr nicht gut, sie fühlte sich sehr unwohl und hatte irgendwie Kreislaufprobleme, sie konnte es aber nicht genau erklären.

Sie ließ offen, ob sie heute kommen würde, wollte sich später wieder bei mir melden.

Ich hatte kein gutes Gefühl.

So aus meinem Konzept geschmissen dauerte es eine Weile, bis ich wieder halbwegs klar denken und das Aufräumen fortsetzen konnte. Ich hatte mich schon sehr gefreut und es wäre schade, wenn das jetzt nicht mit dem gemeinsamen Wochenende klappen sollte.

Gegen vierzehn Uhr kam ein erneuter Anruf von Helga. Es ging ihr etwas besser, aber sie fühlte sich immer noch etwas komisch. Sie wolle erst einmal zum Flugplatz fahren und dann dort vor Ort ent-

scheiden, ob sie am Nachmittag fliegen würde oder doch in Düsseldorf bleibt.
Das war natürlich jetzt eine blöde Situation für mich, da ich eine gute Stunde Fahrt mehr brauchen würde, als ihr Flug dauerte. Wenn sie es sich noch kurzfristig vor dem Abflug überlegen sollte nicht zu Fliegen war ich bereits auf der Autobahn unterwegs.
Eine Stunde später kam eine SMS, nach einem Kaffee ginge es ihr deutlich besser und sie würde jetzt einchecken und anschließend durch die Sicherheitskontrollen gehen.

Ich hatte immer noch kein gutes Gefühl.

Aber was konnte ich aus der Entfernung schon tun?

An Bord war alles vorbereitet und hergerichtet, es gab nichts mehr für mich zu tun. Da es durch die Fahrerei ein später Abend werden würde hatte ich mich dazu entschlossen, mich etwas nach Oben zu setzen und noch etwas auszuruhen.
Es war wieder angenehm war und ich konnte ein bisschen das Hafentreiben in mich aufnehmen.
Auf den anderen Privatbooten war am Vormittag auch Aufräumen angesagt, der Sturm von Vorgestern hatte auch dort seine Spuren hinterlassen, die es noch zu beseitigen galt. Roy hatte seine Dachabdeckung am Steuerhaus inzwischen mit zwei dicken Spanngurten befestigt, die dadurch entstandene Optik spielte bei dem alten Kahn wohl eher eine untergeordnete Rolle.
Auf dem Nachbarboot hatte ich die Scherben der Galionsfigur zusammengekehrt und auf dem Vorschiff an die Seite gelegt, mit einem guten Porzellankleber und etwas Puzzlegeschick war da vielleicht noch etwas zu machen, aber das musste der Eigner von Boot und Scherben für sich selber entscheiden.
Auf dem Fluss trieb ein grösser Ast oder ein kleiner Baum vorbei, das konnte man nicht so genau erkennen, ein Zeichen dafür, das der Sturm vom Mittwoch nicht nur hier getobt hatte.

Eine Stunde vor meiner geplanten Abfahrt zog sich der Himmel wieder bedenklich zu und es fing kurz darauf an heftig zu regnen. Das bewog mich dazu, etwas früher in Auxonne abzufahren, wer weiß wie der Regen sich auf dem Verkehr auf der Autobahn hier bemerkbar macht.

Das war eine gute Entscheidung, denn kurz nach dem ich auf der Autobahn war fing es erneut an zu schütten. Der Einfluss der Berge war hier wesentlich größer, führte doch ein Teil der Autobahn entlang des Juras auf der französischen Seite. Durch die Wassermassen kam der Verkehr fast zum Erliegen, die Autos fuhren kaum schneller als Schrittgeschwindigkeit und ich war schon am Rätseln, ob ich es rechtzeitig zum Flughafen schaffen würde.

Der Flieger aus Düsseldorf hatte eine Viertelstunde Verspätung und wir kamen fast Gleichzeitig in Basel/Mulhouse an, Helga mit dem Flieger und ich mit meinem Tüt.

Meine Bordfrau hatte schon befürchtet ich wäre schlecht gelaunt, da ich wegen dem verspätetem Flieger lange warten musste, sie war dann überrascht zu hören, dass ich selber auch gerade erst angekommen war.

Die Rückfahrt nach Auxonne verlief dann wieder im Normalmodus, nur leichter Nieselregen begleitete uns einen Großteil unseres Weges bis zur Ausfahrt bei Dole, auf dem letzten Stückchen bis Auxonne durch den Wald ab Rainans hörte es dann ganz auf zu Regnern und wir kamen trocken am Hafen an.

Es war zwar nach zweiundzwanzig Uhr, aber wir waren beide aufgedreht und hatten noch lange zusammengesessen.

Von den Unpässlichkeiten am Vormittag war keine Rede mehr.

Notarzteinsatz an Bord

Am Samstagmorgen sind wir dann etwas später aufgestanden, einmal so richtig ausschlafen hat ja auch etwas Gutes an sich.
Der Kühl-und der Gefrierschrank waren noch gut befüllt, also brauchten wir nicht raus zum Einkaufen, die Füllungen der beiden Geräte würde noch locker ein paar Tage reichen, aber so lange blieben wir nicht mehr hier, am Sonntagnachmittag wollten wir wieder zurückfahren.
Also konnten wir uns einen so richtig faulen Tag gönnen. Das Wetter war wieder ganz zahm und nichts erinnerte an die verregneten und stürmischen Tage der letzten Woche, also war Liegestuhldauertest angesagt.
Die Stühle und der Tisch wurden oben platziert und nur zu den nötigsten Bedürfnissen verlassen, oder wenn die Getränke zu Neige gingen.
Im Hafen war es halbwegs ruhig und wie fast immer zum Wochenende waren kaum Mietboote im Hafen vertreten, aber das konnte sich zum Nachmittag ändern, wenn die ersten Neuvermietungen mit ihren frisch unterwiesenen Crews die Saône und unbeteiligte Hafenlieger untersicher machten.
Wir unterhielten uns über den Ablauf der nächsten Wochen und wann wir zum Boot kommen wollten, ums es dann für den Winter vorzubereiten, was aber im Moment noch etwas Zeit zu haben schien.
Über uns war der Himmel wolkenfrei, aber im Hintergrund über Dole und im Norden unseres Blickfeldes türmten sich am Nachmittag wieder mächtige Wolkenformationen auf. Wir hofften aber, dass es diesmal trocken bleiben würde und wir unseren Logenplatz nicht räumen brauchten.
Zum Abendessen gab es ein zusammengewürfeltes Menu bestehend aus den Resten der angefangenen Packungen, die ich unter der Wo-

che noch nicht aufgebraucht hatte und die bei uns im Gefrierschrank vor sich hindösten.
Auf diese Weise hatten wir auch weniger Gepäck für unsere Rückfahrt zum Auto zu schleppen um es dort zu verstauen, die uns am nächsten Tag bevorstand.
Wir konnten noch oben das Essen auftischen, da es dazu noch nicht zu kühl war.
Mit dem Sinken der Sonne Richtung Horizont verfärbten sich die Wolken und aus dem ehemals weißen Dampfgetürmen am Himmel wurden rot und rosa leuchtende Gebilde, die die Phantasie mit ihrem stetig verändernden Aussehen reichlich anregten. Die tollsten Formen mit den tollsten Farben hingen über uns am Himmel, und wir hatten das Alles zum Nulltarif.
Erst nach einundzwanzig Uhr sind wir dann nach Unten gegangen da es dann doch zu kühl an der Abendluft wurde.
Die Nacht war kurz und wir wurden um zwanzig nach sieben viel zu früh geweckt, wie wir befanden. Im Umland schien sich die Jägerschaft des Departements zu ihrer Jahreshauptversammlung zu treffen. Überall wurde wie bekloppt geballert, man war schon fast der Meinung, der Angriff könne nur vom letzten Bataillon zurückgeworfen werden, das den Franzosen noch zur Verfügung stand.
Unser einziger Trost war, dass bei dem Geballere jedes noch halbwegs funktionierende Tiergehör selbige Kreatur zur weiten Flucht veranlassen würde, die einzigen Individuen weit und breit, die keine Chance zu entkommen hatten waren die Kühe auf den Weiden und Wiesen im Hinterland.
Ab September war wieder Jagdsaison in France und es schien uns, als ob die erfolglosen Angler des Sommers ihr Rute nun gegen ein Gewehr eingetauscht hatten.
Wenn sie genauso erfolgreich bei der Jagd waren wie bei den Fischen würden zum Glück vorerst viele Arten vor dem Aussterben weiterhin geschützt sein.

Gibt es denn keine sinnvolleren Hobbys als wehrlose Tiere so zu malträtieren? Wenn die Opfer wenigstens noch auf dem Esstisch landen würde könnte man das noch halbwegs verstehen.

Aber nur der Lust oder dem Vergnügen wegen?

Zum Glück war es an dem Morgen diesig, Hochnebel um hüllte die Schiffe im Hafen und man konnte das gegenüberliegende Ufer nur verschwommen sehen. Mit zwölf Grad war es nicht sonderlich kalt, warm war eigentlich auch anders. Die Luft war klar und die Tautropfen hingen schwer in den unzähligen Spinnennetzen, die sich an allen nur erdenklichen Stellen finden ließen. Der Sommer war definitiv vorbei und die Jahreszeit raste in Richtung Herbst, der sich in den Farben der Bäume aber noch nicht andeutete.
Im Hafen war alles ruhig, die klügeren Bootsbesitzer verweilten noch hinter dem Kamin oder in ihren Betten, uns hatte es aber schon aus dem warmen Nachtlager getrieben.
Heute war Packen angesagt. Nach einer Woche an Bord war schon einiges an Kleinkram angefallen, das uns nach Düsseldorf begleiten wollte. Und oben vom Deck mussten später die Stühle und der Tisch in die tiefen Gefilde der hinteren Kabine verbracht werden, vorher galt es aber unsere Klappfahrräder dort unterzubringen.
Und dann hatten wir noch ein kleines weiteres Lagerproblem, unser Beiboot musste aus dem Wasser und hinten auf das Deck verbracht werden, da wir noch keine Davits als Aufhängung dafür montiert hatten, zu denen wir uns mittlerweile fast entschlossen hatten. Und den Außenborder wollten wir nicht einfach an der Relinghalterung hängen lassen, wenn wir Heim reisen.
Also hurtig, auf geht's.
Die Fahrräder waren schnell im Boot und in der hinteren Kabine auf dem leergeräumten Bett abgestellt. Als nächstes folgte der Motor, der mit der Schraube in eine ältere Plastikschüssel gestellt wurde und mit einem Seil gegen Umfallen gesichert wurde. Sollte Fett oder Öl austropfen würde sich das in der Wanne sammeln und uns nicht

den Bodenbelag verschmutzen. Wir hatten keine Erfahrung damit ob diese Gefahr bestand, also sicher war sicher. Der Motor war schon schwer und unhandlich, aber mit vereinten Kräften hatten wir das gut hinbekommen.
Tisch und Stuhl sollte bis zum Schluss an Deck bleiben, also war als nächstes das Beiboot selber dran.
Die erste Zeit wurde es aus dem Wasser auf den Steg gezogen und von dort im zweiten Schritt auf das Deck verfrachtet. Wir hatten im Sommer das Boot allerdings gedreht und es lag nun mit dem Bug zum Steg, dadurch musste das Beiboot aus dem Wasser direkt auf das Deck gezogen werden. Und das war leichter gesagt als getan, zumal sich immer noch etwas Wasser unter den Bodenbrettern befand und damit zusätzliches Gewicht darstellte. Die Haltegriffe am Beiboot waren zwar hilfreich, aber immer an einer anderen Stelle, als da wo man sie brauchte. Oben an Deck musste das Beiboot dann auch noch hoch und längst gestellt und gelagert werden, damit es am wenigsten Angriffsfläche für Wind darstellte, falls es mal wieder so stürmisch wie in der vergangenen Woche werden sollte. Ich zog an dem Boot wie verrückt und es kam aus dem Wasser, aber es war als ob es drei Tonnen wog. Helga mühte sich ab, mir mit dem Ungetüm zu helfen, es war schon eine Plackerei bis es an der Stelle war, wo ich es mir vorgestellt hatte.
Also hier muss im nächsten Jahr dringend eine andere Lösung gefunden werden, Davits oder Badeplattform, aber das war so auf die Dauer nichts.
Helga schob ab nach Drinnen zum weiteren Zusammenpacken und ich fing an unser *INGRINCHEN* mit einigen Leinen gegen Umfallen an der Reling zu sichern. Das Bötchen war so gelagert, dass der Zugang zum Nildeck nicht versperrt war und wir Stuhl und Tisch noch benutzten konnten, ob nun heute oder beim nächsten Mal, das war egal.
Nach Vollendung des Abenteuers HOL DAS DING AN DECK sammelte ich die beiden Ruder und die Sitzbank ein und verstaute

die Sachen in der hinteren Dusche, die dafür wie geschaffen zu sein schien.
Meine Bordfrau war nicht zugegen, vermutlich war sie vorne in der Kabine am Packen und ich wollte Fragen gehen, ob schon Taschen Richtung Auto gebracht werden können oder ob wir das Auto später zum Steg holen wollten.
Helga lag auf der Koje und hielt sich Kopf und Brustkorb fest, ihr ging es sichtbar schlecht.
Es sei so wie freitags zuvor in Düsseldorf, die gleichen Symptome, nur wesentlich stärker. Sie hätte das am Vormittag auch schon wieder etwas gespürt, aber nun sei es wesentlich stärker und schlimmer als je zuvor.

Sie bat mich darum, einen Arzt zu rufen, es sei dringend und sie hätte Angst.

Die Notfallnummer in Frankreich war mir zwar bekannt, aber am Telefon die Lage zu schildern überstieg im Moment meine Nerven, daher entschloss ich es zuerst bei Roy und Carole zu versuchen.
Ich lief nach vorne zur *HAZELWOOD* und klopfte dort an die Bordwand, Boote haben bekanntlich keine Haustürklingeln.
Bob, die Hündin, schlug sofort an und Carole kam kurz darauf aus dem Schiff an Deck. Ich schilderte ihr die Situation und bat sie darum, nach einem Arzt zu telefonieren, was sie umgehend machen wollte, ihr Telefon war allerdings im Boot, sie wollte es holen.
Darauf wollte ich nicht warten und lief zurück zu Helga, die noch immer leichenblass auf dem Bett lag. Roy und Carole waren mir hinterhergekommen und hatten den Disponenten der Feuerwehr noch in der Leitung, der genauer nach Art und Lage der Schmerzen oder der Beeinträchtigung fragte.
Diverse Fragen zu ihren Schmerzen wurden von mir ins Deutsche und für Carole und die Feuerwehr in Englisch und Französisch übersetzt, nicht jede Vokabel fiel mir dabei sofort ein, manchmal half auch ein Draufzeigen um mich verständlich zu machen.

Im Hintergrund hörte man irgendwo in Auxonne bereits den Krankenwagen kommen, Roy war in der Zwischenzeit mit seinem Motorboot zum oberen Teil des Hafens gefahren, um die Tordurchfahrt für den breiteren Krankenwagen zu öffnen.
Zeitgleich wurde auf Grund der Beschwerdeschilderung ein weiterer Notarztwagen in Bewegung gesetzt, der noch zur Unterstützung kommen sollte, wie wir am Telefon erfuhren.
Kurz darauf war der Krankenwagen vor Ort und vier Rettungssanitäter erstürmten unser Boot mitsamt allerlei medizinischem Gepäck im Schlepptau.
Ich verließ die Kabine, da es dort zu eng wurde, und gab Helga zu verstehen, dass ich unmittelbar im Türbereich stände und weiter dolmetschen würde. Das Frage-und Antwortspiel vom Telefonat wiederholte sich in weiten Teilen, derweil wurde Helga mit Monitor und allen anderen möglichen Elektroden verkabelt. Aus ihrer Handtasche musste ich Ausweis und die Medikamente hervorkramen, die sie bisher nahm, und versuchen zu erklären, warum oder wogegen diese genommen würden.
Ein erstes EKG und ein Blutschnelltest brachte die Erkenntnis, dass es sich nicht um einen Herzanfall oder einen Infarkt handeln würde, wie uns erklärt wurde, das EKG war unauffällig. Ob das nun gut oder schlecht war sagte mir aber niemand.
Auf dem Steg hörte man wieder Laufgeräusche, der Notarzt war in Begleitung zweier weiterer Sanitäter eingetroffen, aus Dijon, wie wir später erfuhren. Das Team tauschte die ersten Ergebnisse aus und der Arzt setzte die weiteren Untersuchungen fort.
Helga war in der Zwischenzeit etwas ruhiger geworden, sie bekam Sauerstoff über eine Maske verabreicht und ihr war ein Mittel gespritzt worden.
Ein Sanitäter hatte in der Zwischenzeit mit seinem Handy die Inhaltsstoffe der deutschen Medikamente ins Französische übersetzt und klärte den Arzt darüber auf. Nach einigen weiteren Untersuchungen konnte der Arzt sich aber immer noch kein richtiges Bild

über die Ursache für Helgas Zustand machen und entschied letztendlich, eine Einweisung in die Klinik sei unumgänglich.

Zwölf Uhr dreißig, wir wollten eigentlich nach Düsseldorf zurückfahren.

Nachdem sich Helga weiter stabilisiert hatte wurde die Krankentrage auf den Steg vor das Boot gebracht. Sie war aber in der Lage, alleine unter Hilfe der Sanitäter das Boot zu verlassen und die Trage zu erreichen. Sie wurde umgehend in den Krankenwagen gebracht, der mitsamt Arzt schneller verschwunden war als mir lieb war. Ein Sanitäter gab mir einen gedruckten Zettel mit der Anschrift der Uniklinik in Dijon, wohin ihre Reise nun anstatt nach Hause ging. Das restliche Rettungsteam räumte an Bord seine Sachen zusammen und rückte dann auch ab.
Roy und Carole standen die ganze Zeit abseits am Boot, da sie wissen wollten, ob es Helga halbwegs gut ginge. Ich berichtete ihnen kurz die wenigen Sachen, die ich bis dahin selber wusste und dass ich nun dem Krankenwagen hinterher nach Dijon fahren wollte. Roy bot sich an mich zu fahren, aber wie wäre ich später zurückgekommen? Ich lehnte das Angebot dankend ab und verwies auf mein Navi, das mich sicher zu meinem Ziel führen würde und versprach ihnen bei Neuigkeiten sie beide umgehend zu informieren.
Helga Ausweis und Krankenversicherungskarte hatte die Ambulanz bereits mitgenommen, ich packte weitere möglich benötigte Papiere zusammen und machte mich dann auf den Weg nach Dijon.
Vorher informierte ich aber Helgas Tochter Denise über das Geschehen und versprach ihr sie auf dem Laufenden zu halten.
Über die Autobahn war die Anfahrt zum Universitätsklinikum fast ohne Navi machbar, nur vor Ort ging das Rätselraten los, wohin ich mich den nun genau wenden musste.
Eine aus ihrem Sonntagsschlaf gerissene Dame an einem Empfangsschalter war nicht besonders hilfreich, zum Glück humpelte dann ein junger Mann Richtung einem Eingang mit der Überschrift

Urgence und ich ihm dann hinterher. Und siehe da, hier war ich wohl richtig, denn hier lief auch einer der Sanitäter herum, die uns zuvor auf dem Boot betreut hatten.
Der junge Mann wurde von Helfern sofort in Empfang genommen und gab mir den Weg zu einem Schalter mir der Überschrift Information frei.
Ich brachte mein Anliegen vor verbunden mit der Erklärung, nicht perfekt Französisch zu sprechen. In einer Liste wurde Helga ausfindig gemacht und mir erklärt, sie sei noch bei Untersuchungen. Ich möge mich bitte in den Wartebereich begeben, man würde mich umgehend unterrichten, wenn es Neuigkeiten gäbe.
Als höflicher Mensch folgte ich der Anweisung, und nahm dort erst einmal Platz.
Türen gingen auf und zu, Leute kamen und gingen, Ärzte huschten umher, ein reges Treiben in den Fluren, aber nichts zu sehen von Helga.
Ich schickte ihr eine SMS, damit sie sah, ich sei vor Ort und sie nicht alleine.
Nach einer Weile kam die Antwort zurück, ich würde gleich geholt werden.

Nichts.

Das Personal am Schalter hatte in der Zwischenzeit gewechselt, ein guter Zeitpunkt um mich in Erinnerung zu bringen. Erneut wurde ich vertröstet, gleich werde jemand kommen. SMS an Helga mit dem Stand der Dinge und wo sie denn genau sei.

Das Handy ging, Helga war dran, warum ich denn nicht hereinkomme.

Und wohin??

Sie sei in einem größeren Intensivraum der Notaufnahme und ihr sei gesagt worden, ich dürfte zu ihr reinkommen.
Erneute Frage, wo sie denn genau sei, da hier im Wartebereich keine Türe zu Öffnen seien, alles wurde von Innen geöffnet und ich könnte nicht ausmachen, in welchen Gang dieser Raum lag. Sie wollte noch einmal mit dem Arzt sprechen, damit ich endlich hereingeholt würde.

Wieder musste ich warten, aber dann endlich nach zweieinhalb Stunden Warterei kam tatsächlich eine Schwesternschülerin und holte mich ab.
Durch eine Schleuse kam ich in diesen Aufnahmebereich der Notaufnahme und wurde zu ihrem Bett gebracht.
Sie sah wieder fast normal aus, die Blässe war gewichen und ihr Zustand wirkte auch nicht mehr besorgniserregend. Sie hing am Monitor mit dem die Herzaktivitäten überwacht wurden und durch einen Tropf bekam sie eine Infusion, wofür auch immer.
Sie käme gut mit den Ärzten klar, einer spreche sogar etwas Deutsch, man sei sehr bemüht und gebe sich alle Mühe wegen der Verständigung, von der Seite aus also keine Probleme.
Allerdings hätte man ihr noch nichts Genaues sagen können, einige Test seien gelaufen, eine Scanneruntersuchung nach achtzehn Uhr solle etwas mehr Klarheit bringen.
Die Zeit schien eingeschlafen zu sein, es kam uns endlos vor, bis ein Arzt zu uns kam und uns die ersten Ergebnisse brachte. Der erste Verdacht Herzinfarkt hatte sich nicht bestätigt, aber die Ultraschalluntersuchungen hätten eine Entzündung an der Lunge und am Herz gezeigt. Deswegen musste sie dort in der Klinik bleiben, würde aber später nach einer weiteren Untersuchung hoch auf Station gebracht.

Boing.

Über die gerade erfahrenen Neuigkeiten gab es natürlich diskussionsbedarf. Lungenentzündung, unter Umständen sogar verschleppt?
Bei dem unbeständigen Wetter zuhause in Düsseldorf war das in unseren Augen gut möglich, war einleuchtend und machte auch irgendwie Sinn.
Trotzdem hatten wir natürlich noch tausend Fragen die es zu klären galt.
Wir schickten dann zuallererst eine SMS an Helgas Bezirksleiterin, das Helga sich in Frankreich im Krankenhaus befände und am nächsten Tag auf keinen Fall die Kantine leiten könnte, Ersatz musste her.
Wie angekündigt wurde Helga dann vom Pflegedienst hoch auf die Station gebracht. Ich konnte sie noch begleiten und hatte so aus erster Hand die Information, auf welcher Etage und in welchem Zimmer ich sie am nächsten Tag finden konnte.
Sie landete in einem Zweibettzimmer mit einer älteren Dame, die durch Schmerzmittel ziemlich still gestellt war und kein guter Gesprächspartner war.
Ein Zettel mit den Wünschen für die notwendigsten Kleidungsstücke und Toilettenartikel wurde erstellt und dann ging es für mich ab nach Hause, nein, zurück zum Boot in den Hafen.

Am nächsten Morgen, dem Montag, hätte ich in Düsseldorf zur Arbeit gemusst, das war nun ja hinfällig und ich musste mir einfallen lassen, wie ich das geregelt bekomme.
Ich musste meinen Chef anrufen und ihm die Situation erklären, aber ich hatte die Telefonnummer in meinem Firmenhandy gespeichert, und das lag in Düsseldorf. Also schickte ich Freddy eine Mail, dass ich noch in Frankreich sei und warum und das ich ihn am nächsten morgen früh anrufen würde. Er hatte Nachtschicht und kam am nächsten Morgen nach Hause, das passte also.
Helgas Tochter Denise wollte ich auch noch informieren, dort war aber besetzt. Eine SMS mit der dringenden Bitte um Rückruf wurde

sofort nachgekommen, so konnte ich meinen Kenntnisstand um Helgas Gesundheitszustand weitergeben.
Carole wollte ich auch noch informieren, aber sie ging nicht mehr an das Telefon, es war wohl langsam zu spät geworden.
Also blieb mir nichts Weiteres mehr übrig als den Wecker zu stellen und mich in die Koje zu verkriechen.

Ich kannte die Uhrzeit wann Freddy von der Arbeit kommt und hatte ihn dann auch direkt am Telefon erreicht und ließ mir die benötigte Nummer von meinem Chef geben. Dann informierte ich ihn über unsere Misere genauer.
Anschließend rief ich bei meinem Chef an und meldete mich für die laufende Woche von der Arbeit ab, zum Glück hatte ich noch ein paar Tage Resturlaub zur Verfügung, aber das konnte ich nach meiner Rückkehr zu einem späteren Zeitpunkt klären.
Die Liste mit den Utensilien für Helga wurden in eine kleine Tasche gepackt und dann ging es schon wieder los für mich, ab zum Krankenhaus.
Auf dem Weg zum Parkplatz machte ich einen Zwischenstopp bei Roy und Carole, um ihnen von Helga zu berichten.
Carole war sehr einfühlsam und wollte anschließend von mir wissen, wie es denn mir ginge in dieser Situation.
Ich berichtete ihr von dem frühen Tod meiner ersten Frau und die besonderen Umstände dabei.
 Eigentlich wollte ich das nicht noch einmal erleben, so mein Resümee.

Aber wer will das schon?

Ich versprach den Beiden sie auf dem Laufenden zu halten und machte mich dann auf den Weg zum Auto und nach Dijon.
Den Weg zur richtigen Station und dem richtigen Zimmer brauchte ich nicht erfragen, war ich doch am Abend zuvor bei der Verlegung dabei.

Helga war wach und es ging ihr sichtlich besser, auch aufstehen war ihr inzwischen erlaubt.
Wenig später erschien ein junger Assistenzarzt im Zimmer und stellte sich vor. Er war Mediziner im dritten Jahr, kam aus einer anderen Abteilung, sprach aber Deutsch und war deshalb dazu gebeten worden.
Er hatte eine Notizliste mit Fragen dabei, die er mit uns abklären sollte um so eine eventuelle Krankenvorgeschichte zu erfahren.
Kurz darauf kam dann die eigentliche Karawane zur Visite mit einem Tross von Ärzten und jenen, die es werden wollten.
Das Team formierte sich im Zimmer schnell um, da ein weiterer deutschsprechender Arzt mit dem Jüngling die Zügel in die Hand nahm, der Professor stand etwas abseits und beobachtete das Spiel genau.
Es folgten auch Fragen zu unserem Aufenthalt in Frankreich und man war erstaunt, zu erfahren, dass wir mit einem Schiff unterwegs waren.
Zu dem Notfall vom Vortag gab es nichts Neues an Ergebnissen, Helgas Beschwerden selber waren heute wie weggeblasen.
Sollte der Zustand so weiter stabil bleiben, wäre ein Transport nach Deutschland ohne weiteres möglich, den ich am Morgen in Deutschland über meinen Automobilclub bereits angefragt hatte.
Als möglichen Zeitpunkt wurde uns der Dienstagnachmittag genannt, das hörte sich jetzt wirklich gut an.
Der Schreck, besser gesagt der Schock vom Vortag war noch nicht ganz verschwunden, aber nun hatten wir doch wieder eine Vorstellung, wie es weitergehen konnte.
Die Truppe verabschiedete sich und entschwand aus dem Raum, gefolgt auch von unserem Dr. Dolmetsch.
Wir besprachen die bisherigen Ergebnisse und machten uns Gedanken für den weiteren Ablauf.
Der Rest des Vormittages verlief so langweilig, wie Tage im Krankenhaus eben verlaufen. In der Mittagszeit machte ich mich auf

dem Weg nach Auxonne, galt es dort noch ein paar Dinge zu erledigen.
Mit dem ADAC wurde wegen dem Rücktransport erneut Kontakt aufgenommen, die genaueren weiteren Details wollte der ADAC dann direkt über das Büro in Avignon mit der Klinik abklären.
Somit war das dicke Ding erledigt.
Der nächste Anruf galt meiner Firma, um mich dort für Donnerstag zurückzumelden, am Mittwoch wollte ich, wenn es denn alles klappt, nach Düsseldorf zurückfahren.
Dann erfolgte noch ein Anruf bei meinen Söhnen, um den Stand der Dinge zu melden, bevor ich mich zum Einkaufen aufmachte, war doch der Kühlschrank auf der *INGRINE* fast leer.

Am nächsten Nachmittag ging es dann für Helga auf die Reise zurück nach Düsseldorf.

Ihre gesundheitlichen Probleme beschäftigten uns von da ab über den ganzen Winter. Nach einem erneuten Zusammenbruch kam sie Ende Oktober in Düsseldorf in die Uniklinik, dort stellte sich als Ursache ihrer Beschwerden ein neurologisches Problem heraus. Die Symptome wurden durch weitere Untersuchungen untermauert und warfen uns aus dem Gleichgewicht, hatte sie doch einen leichten Schlaganfall erlitten.

Leider kann sie seit dieser Zeit ihrer geliebten Arbeit nicht mehr nachkommen.
Sie war als Kantinenleiterin in einer kleinen Firmenkantine beschäftigt und ist nicht mehr in der Lage, alle Ansprüche in dieser Position zu erfüllen.
Für uns bedeutete das aber auch eine gewaltige Umstellung, war es doch im Moment absolut unklar, ob sie die Handgriffe beim Bootfahren noch bewältigen konnte.

Zudem hatten wir noch ein paar kleinere Problemchen, musste doch auch noch INGRINE Winterfest gemacht werden, was ich aber zur Not mit einem meiner Söhne erledigt hätte.

Zum Glück war der Winter sehr milde und es reichte für uns, Anfang Dezember nach Frankreich zu fahren, um dies zu erledigen und um auch die Winterplane anzubringen.

Entgegen unser sonstigen Gepflogenheiten kamen wir den kommenden Winter nur sehr wenig nach Frankreich zum Boot. Die Genesung von Helga ging in kleinen Schritten vorwärts und erlaubte uns dann im Frühjahr zu Ostern einen ersten Besuch nach Auxonne zu fahren.

Dort erfuhren wir mit Entsetzen von der Erkrankung von Carole, der Hafenmeisterin.

Nach einem Erstickungsanfall war sie im Januar ins Krankenhaus gekommen, dort hat man dann einen bösen Krebs bei ihr festgestellt. Roy erzählte uns das bei unserer ersten Begegnung und wir wollten das zuerst nicht glauben.

Nach einer Operation und den üblichen Behandlungen wie Bestrahlung und Chemotherapie ging es ihr nun den Umständen entsprechend gut.

Wir beschlossen spontan sie in der Klinik zu besuchen und Roy war davon angetan, es würde ihr bestimmt guttun Bekannte und Freunde zu treffen, da sie hier in Frankreich keine weitere Familie hätten.

Also machten wir uns am Ostersonntag anstatt zu einem Spaziergang auf nach Dijon, um sie dort zu besuchen.

Roy hatte uns die Station und die Zimmernummer aufgeschrieben und der Weg zur Uniklinik von Dijon war mir noch allzu gut in Erinnerung, wobei mich Helga das erste Mal als Beifahrerin auf dieser Strecke begleitete.

Das Gebäude und die Station waren leicht zu finden und Carole war über unsere Besuchsabsicht von Roy informiert worden, obwohl beide nicht so recht glauben wollten, ob wir den angekündigten Besuch denn auch wahrmachten.

Carole sah fast so aus wie immer, vielleicht ein wenig blasser, da ihr die Sonne wohl fehlte, nur das Sprechen viel ich sehr schwer, es kam nur ein Flüstern aus ihrem Mund heraus, aber man konnte sie trotzdem gut verstehen. Wir hatten uns einiges zu erzählen und sie wollte auch alles über Helgas derzeitigen Zustand erfahren.
Später schauten wir uns noch einige Fotos an, die sie uns von ihrem Venedigbesuch zeigte, den sie mit Roy zusammen bei Freunden in der Lagunenstadt zu Weihnachten verbrachten.
Auf der Rückfahrt vom Krankenhaus sprachen wir noch einmal darüber und dass wir uns darüber freuten, dass sie das wenigsten kurz vor ihrer schweren Erkrankung diese schönen Tage noch erleben konnte.
An Bord hatten wir mit einem kleineren technischen Problem zu kämpfen, wollte doch die Druckpumpe für die Wasserversorgung an Bord nicht so richtig laufen.
Die Kohlen vom Elektromotor saßen wohl fest oder waren verschließen, das wolle ich überprüfen. Ich legte die Pumpe frei und wollte mir das ansehen, als sie ansprang als ob sie nie etwas anderes gemacht hätte.
Einen Tag darauf stellte sie aber bereits wieder ihren Dienst ein. Also wurde das Werkzeug erneuert ausgepackt um dem ganzen auf dem Grund zu gehen. Beim Ausbauen der Pumpe zerbrach aber der Treibriemen vom Motor, von dem wir keinen Ersatz an Bord hatten. Dem Aufdruck entnahm ich Typ, Größe und Hersteller von dem Riemen und machte mich im Internet nach dem Ersatzteil auf die Suche. Der Preis für den Treibriemen konnte ich akzeptieren, nicht aber die Versandkosten, die in gleicher Höhe angesetzt waren, nur, weil der Hersteller aus den USA kam.
Das Problem mit den Kohlen war noch ungelöst und so entschied ich zu Gunsten einer neuen Pumpe, die kaum doppelt so teuer war wie der Treibriemen und die Versandkosten, und ich konnte die neue Pumpe von Frankreich aus direkt bestellen.

Für den Einbau wählte ich das erste Maiwochenende aus, durch einen Feiertag war das ein verlängertes Wochenende und dazu geradezu ideal.
Die Anschlüsse passten halbwegs an die vorhandenen Leitungen und im Vorfeld hatte ich mir ein paar Adapter für die Anschlüsse besorgt, falls das Maß doch anders war.
So war der Einbau schnell erledigt und ich brauchte mich nicht das ganze Wochenende mit dieser Bastelei zu beschäftigen.
So blieb dann genügend Zeit über, um das Bimini aufzubauen, das Deck zu schrubben und auch um den neuen Leclerc einen ersten Besuch abzustatten, um uns einmal dort umzusehen.
Dort konnten wir eine schöne Orchidee erstehen, die wir am Nachmittag zu einem Besuch bei Roy und Carole auf der *HAZELWOOD* mitnahmen.
Carole ging es den Umständen entsprechend, allerdings war sie in der Zwischenzeit erneut im Krankenhaus gewesen, da sie sich eine Bronchitis zugezogen hatte und das in ihrem Zustand nicht ganz ohne war.
Bei diesem Besuch erfuhren wir auch davon, das sich Roy und Carole dazu entschlossen hatten, den Posten als Hafenmeister vom Port Royal aufzugeben, das hatte wohl zu sehr mit den gesundheitlichen Problemen von Carole zu tun.
Trotzdem wollten die Beiden auf ihrem Boot hier im Hafen bleiben, Auxonne sei eine schöne Stadt, die Lage ideal und hier hätten sie sehr viele Freunde und Bekannte, eine Rückkehr nach England können sie sich nicht vorstellen.
Derzeit sei H_2O auf der Suche nach einem Nachfolgen, und nach dessen Einarbeitung wollte sich Roy dann zurückziehen und nur noch als Vertretung zur Verfügung stehen.
Das war natürlich eine Neuigkeit, die auch mit grundlegenden Veränderungen hier im Hafen zu tun hatte.

Port Royal ohne Roy und Carole ?

Das war für uns fast unvorstellbar, waren die Beiden doch vom ersten Tag an hier im Hafen zugegen.

Aber trotzdem konnten wir diese Entscheidung gut verstehen, die Gesundheit geht immer vor und wer weiß wie es um Carole wirklich steht.

Man begegnet sich immer wieder

Eine Woche nach diesem Besuch kam das Pfingstwochenende und ab dem Datum hatte ich zwei Wochen Urlaub von der Arbeit. Wir hatten uns im Vorfeld bereits auf einen gemeinsamen Urlaub gefreut, aber ein anderer wichtiger Termin kreuzte unsere Ferienpläne. Helga musste nach vier Tagen am Dienstag eine vierwöchige Reha antreten, somit fiel ein gemeinsamer Urlaub, gar eine gemeinsame Urlaubsfahrt, ins Wasser.
Wir hatten verschiedene Möglichkeiten wie wir es machen wollten und entschieden uns dann dazu, zum Urlaubsanfang ganz normal nach Frankreich zu fahren, ich würde Helga dann nach den ersten Tagen rechtzeitig nach Deutschland zu ihrer Reha bringen, damit sie diese dann antreten konnte. So hatten wir wenigstens ein paar gemeinsame Tage an Bord der *INGRINE*.
Also machten wir uns am Samstag in aller Frühe in Düsseldorf auf dem Weg, um dann am Morgen in Auxonne einzutreffen. Wir waren auf der Fahrt sehr gut durchgekommen und hielten für die ersten nötigen Einkäufe am Einkaufszentrum an, bevor wir weiter zum Boot fuhren, so brauchten wir später nicht noch einmal in die Stadt zu fahren.
Am Donnerstag zuvor hatte ich im Internet mit der Web-Cam vom Hafen von Düsseldorf aus sehen können, dass unsere Bootsfreunde Ralph und Anita mit ihrer *OLIMAR* bei uns im Hafen eingetroffen waren.

Ungewiss war nur, ob wir die Beiden am heutigen Samstag noch dort antreffen würden, oder ob sie bereits weitergefahren waren.
Umso erfreuter waren wir heute Morgen, als wir das Boot nach unserer Ankunft noch bei uns am Ponton entdecken konnten.
Kurz nachdem wir unser Gepäck und die Einkäufe an Bord verstaut hatten erschien Ralph bei uns am Boot um uns zu begrüßen, Anita folgte ihm kurz darauf.
Vor ein paar Tagen hatten die Beiden uns per Mail von ihrem Urlaubtörn unterrichtet und ich hatte ihnen unsere Daten zurückgemailt.
Unklar war nur, ob wir uns irgendwo treffen würden.
Die Beiden hatten dann extra unsere Ankunft hier abgewartet und wollten erst am nächsten Tag weiterfahren, um ihre Urlaubsfahrt fortzusetzen.
Wir hatten uns seit Juli letzten Jahres nicht mehr gesehen und natürlich auch sehr viel zu erzählen. Es gab aber nach unserer Ankunft an Bord der *INGRINE* noch so einiges für mich zu erledigen, dass ich mir die Plauderei eigentlich nicht leisten konnte, der Gefrierschrank musste noch gestartet werden, bevor uns unsere Einkäufe entgegengelaufen kamen.
Wir verabredeten uns dann für den Nachmittag auf der *OLIMAR* und trafen uns dort um vierzehn Uhr, um dort unsere Neuigkeiten und Erlebnisse auszutauschen, aber auch um von den unerfreulichen Dingen zu berichten, die wir im letzten Jahr hier erlebt hatten.
Die gemeinsamen Stunden vergingen wie im Fluge und ruckzuck war es Abend geworden und wir kehrten erst spät auf die *INGRINE* zurück.
Danach saßen wir noch oben bei uns an Deck und ließen dort den Tag gemütlich ausklingen, der neben unserer heutigen Anreise nach Auxonne und mit dem Wiedersehen von Ralph und Anita einen so schönen Verlauf genommen hatte.
Die Sonne schob sich dem Horizont näher und näher und verwandelte die wenigen Wolken am Himmel in ein prächtiges Farbenspiel,

rot, gelb, bernsteinfarben, einfach alle Nuancen, ein herrlich anzusehendes und fast jeden Abend wiederkehrendes Schauspiel.
Bei dem Anblick kam man ins Grübeln und die Gedanken fingen an zu Kreisen, leicht angetrieben und unterstützt von den Nachwirkungen des letzten Glases Rosé, das noch vor mir auf dem kleinen Tischchen stand.
Die Erinnerungen an unsere zufällige gemeinsame Reise mit der OLIMAR nach Lyon im letzten Jahr war noch lange unser Gesprächsstoff, konnten wir uns noch an so viele Details und Einzelheiten erinnern. Es war gerade erst einmal ein Jahr her, aber es kam uns vor wie erst gestern erlebt.
Auf den Ponton war sehr viel Aufregung und Bewegung zu vernehmen, da der Strom immer wieder ausfiel, die Hauptsicherung vom Steg sprang wegen Überlastung immer wieder heraus.
Roy hatte den Stromkasten bereits mehrfach aufgeschlossen, um das Problem zu beheben, aber zu viele Mietboote hatten wohl zu hohen Strombedarf zum Heizen, was die Sicherung das nicht hielt.
Wir waren davon auch betroffen und unter normalen Umständen hätten wir damit leben können, eine kühle Nacht an Bord bringt uns nicht sofort um.
Durch Helgas geschwächten Zustand war sie aber anfälliger für eine Erkältung und das musste nun wirklich nicht sein. Auf der anderen Seite hatte ich keine große Lust, in der Nacht zum Stromkasten zu laufen, wenn es die Sicherung erneut herausknallt.
Uns genau gegenüber lag auch noch so ein Riesending von LeBoat, dessen Generatorkühlwasser unentwegt in das Hafenbecken plätscherte.
Alles war keine besondere Aussicht und so überlegte ich laut, ob es für die kommende Nacht nicht besser sei, an den anderen Ponton B uns gegenüber zu verlegen, dort gab es nur private Liegeplätze und nicht alle Eigner waren anwesend, daher war die Gefahr der Überlastung der Sicherungen nicht gegeben.
Helga war der gleichen Meinung und so machte ich mich auf zur Capitainerie, um Roy um ihm die Beweggründe zu erklären und um

ihn um Erlaubnis zu fragen. Er erklärte sich sofort damit einverstanden und so wechselten wir zu später Stunde unseren Liegeplatz im Hafen.

Diese Entscheidung war gut, wie sich am nächsten Morgen herausstellen sollte, denn als ich um halb sieben aufstand wurde auf dem Thermometer vier Grad Außentemperatur angezeigt.

Die Kaffeemaschine wurde eingeschaltet und anschließend die Heizung im Salon höher gedreht, damit es wieder schön mollig warm an Bord wird.

Ralph und Anita kamen nach dem Frühstück zu uns ans Boot um sich zu verabschieden, denn heute sollte es weitergehen. Am Abend zuvor hatten sie unseren Platzwechsel noch mitbekommen, kannten aber den Beweggrund dafür nicht, den wir ihnen gerne erläuterten. Ralph und Anita wollten ihren Urlaub unterhalb irgendwo verbringen und dann nach Auxonne zurückkommen. Dort sollte die *OLIMAR* bis Mitte August bleiben, bevor das Boot dann über Rhein-Rhône-Kanal Richtung Basel verbracht wird. Als Boot unter Schweizer Flagge musste die *OLIMAR* alle drei Jahre aus steuerlichen Gründen den EU-Raum verlassen, ansonsten drohen sehr hohe Strafen.

Ralph frug uns dann, ob es uns recht sei, wenn er Roy fragen würde, die *OLIMAR* über den Sommer neben unserer *INGRINE* oder in deren Nähe festzumachen, dann könnten wir vielleicht ein Auge auf das Boot werfen.

Das stellte für uns überhaupt kein Problem dar und wir würden dann natürlich gerne auf die *OMILAR* achten.

Wir verabschiedeten uns voneinander und hofften sehr, uns im August hier im Hafen wieder zu treffen, bevor sie die *OLIMAR* für die Überführung Richtung Schweiz hier in Auxonne dann wieder abholten.

Die Wege trennten sich nun, als die *OLIMAR* kurz darauf aus dem Hafen auslief und Kurs Richtung Süden nahm und uns hier in Auxonne zurückließ.

In der Zwischenzeit hatte die Bewölkung etwas nachgelassen und die Sonne kam gelegentlich durch die Wolken, trotzdem blieb es in den Schattenbereichen recht kühl.
Helga saß in ihrem Stuhl und war viel am Lesen, mich hielt es aber nicht in der Ruhestellung. Ich machte mich an das Aufbauen des Beibootes, was dann auch wie geschmiert von statten ging und wuchtete das Bötchen dann in das Hafenwasser. Beim Motor ließ ich mir aber vorsichtshalber von Helga etwas zur Hand gehen, damit das gute Stück nicht im Wasser landen würde.
Die Befestigung des Motors am *INGRINCHEN* war kinderleicht und direkt beim ersten anschließenden Startversuch sprang der Außenbordmotor an.
Zu meiner kleinen Probefahrt wollte mich Helga dann aber nicht begleiten, sie kuschelte sich lieber in ihre Decke und begab sich wieder in den Liegestuhl zu ihrer aufregenden Lektüre eines Groschenromans.
Am Nachmittag hatten wir uns dann dazu entschieden, zumindest bis Dienstag hier an dem Ponton B zu bleiben, da die erhoffte Wärme noch auf sich warten ließ.
Der nächste Montagmorgen bescherte uns auch noch keine Wetterbesserung, der Himmel war bedeckt, es war trocken und zum Glück minimal Wärmer als am Vortag.
Heute stand die Überprüfung der Wasseranlage an, hatte ich doch erst vor kurzer Zeit die Druckpumpe erneuert. Bei dieser Gelegenheit wollte ich mir gleich einmal die Batterien ansehen, da das Ladegerät seine Mühe hatte, die Dinger voll zu bekommen. Also wurde im Salon der Boden freigelegt und die Lucke geöffnet.
Die Wasseranlage war dicht, keinerlei Rinnsale konnte ich beim Ableuchten der einzelnen Verbindungen entdecken, umso besser für mich, blieb mir dort eine weitere Bastelei erspart.
Dann ging es an die Bordspannungsversorgung. Zuerst wurden alle Verbindungsleitungen der Batterien untereinander gelöst, dann kam die Hauptanschlüsse von Motor und vom Ladegerät dran. Nun konnte ich die einzelnen Batterien durchmessen und musste dabei

feststellen, dass zwei Blöcke mit sechskommadrei und siebenkommafünf Volt deutlich zu geringe Werte erbrachten. Ich hob die Batterien aus ihren Kästen und musste dabei sogar feststellen, dass eine Batterie deutlich sichtbar aufgeplatzt war.
Die beschädigte Batterie wurde sofort von Bord gebracht, wollte ich doch keinen undichten Säurebehälter im Boot verweilen lassen. Die zweite defekte Batterie wurde anschließend nicht mehr angeklemmt, als ich die verbliebenen Kraftpakete wieder mit den Verbindungsleitungen zusammenschraubte.
Das Bordnetz war jetzt wieder stabil, nur die Ladekapazität war vermindert, aber im Moment brauchte der Kühlschrank auch nicht in großer Stufe zu laufen, dafür war es noch zu kühl.
Am Nachmittag sind wir dann Carole besuchen gegangen, sie war am letzten Samstag aus der Klinik entlassen worden. Dort wurde ihr eine feste Magensonde eingesetzt, somit verschwand der hinderliche und nicht sehr beliebte Ernährungsschlauch, der ihr bei ihrer ersten Operation im Januar durch die Nase gelegt worden war.
Sie sah deutlich besser aus und war guter Dinge und wir waren auch ordentlich am Scherzen über alte Anekdoten, die uns Roy zum Besten gab, so zum Beispiel wie sie mitsamt Teerfarbeneimer vom Boot in das Wasser fiel und beim Auftauchen zwar den Pinsel in der Hand hielt, aber dann von Kopf bis Fuß mit dem Zeug lackiert war, da die Farbe auf der Wasseroberfläche schwamm.
Dadurch das Roy und Carole ihre Tätigkeit im Hafen beendeten war für uns der Anreiz entfallen, am ersten Ponton zu liegen, dort hatte Helga so gerne mit Carole die Mietboote eingefangen. Zum Winter waren sie mit ihrer *HAZELWOOD* in den hinteren Bereich des Hafens gewechselt, dort konnten sie bei Hochwasser ungehinderter vom Boot an Land kommen, was im vorderen Bereich wegen einer eventuellen Überflutung des Dammes nicht immer gegeben war.
Somit lagen wir als einzige Dauerlieger noch vorne am Gästesteg und wir hatten uns in den paar Tagen unserer Anwesenheit mit un-

serem neuen Platz angefreundet und uns dazu entschlossen, fest an dem neuen Steg zu bleiben, wenn das möglich sei.
Wir sprachen das nun mit Roy ab, der damit aber keinerlei Probleme hatte und uns den anderen Platz fest zuwies.
Es schwirrten sowieso schon Gerüchte herum, dass in den nächsten Monaten mit den Baumaßnahmen zur Hafenerweiterung begonnen werden sollte, im Internet gab es sogar schon fertige Modelle davon zu sehen, und dann würden die Liegeplätze mit Sicherheit neu zusammengewürfelt.
Nun war der Moment des Abschiedes gekommen, denn Helga sollte von mir am nächsten Morgen nach Deutschland zu ihrer Reha gebracht werden, ich selber würde am selben Abend nach Auxonne zurückkehren.
Helga und Carole wünschten sich gegenseitig die besten Wünsche zu ihren weiteren Genesungsfortschritten, und ich versprach einen weiteren Besuch bei Carole für die Zeit meines verbleibenden Urlaubes.
Später holte ich dann das Auto auf den Damm, um das Gepäck von Helga einzuladen, der größte Teil war von Düsseldorf mitgebracht worden und erst gar nicht aus dem Auto ausgeladen worden.
Am nächsten Morgen ging es dann in aller Herrgottsfrühe um viertel vor vier los, damit wir rechtzeitig in Deutschland waren.
Der erste Teil unserer Rückfahrt über Luxemburg war bis Trier die gewohnte Strecke, dann ging es aber anstatt über die Eifel zu fahren ab Richtung Koblenz.
Trotz Pausen waren wir um viertel nach neun an der Klinik in Waldbreitbach vorgefahren, wo sie die nächsten vier Wochen verbringen sollte.
Schnell war die Anmeldung erledigt, alle Daten waren bereits vorhanden, dann ging es auf ihre Station und auf ihr Zimmer. Nach der ersten Inspektion der Räumlichkeiten half ich ihr noch beim Einräumen des Gepäcks, dann stand bereits ihr erstes Vorgespräch auf dem Programm.

Ich machte mich dann kurz vor der Mittagszeit wieder auf meinen Weg zurück nach Frankreich, wo ich nach siebzehn Uhr ankam. In Auxonne war es sonnig und warm, so konnte ich mich oben an Deck von dem langen Tag zuerst einmal ausruhen.
Am Abend folgte ein Telefonat mit Helga, wie sie sich eingelebt hatte und was die Voruntersuchung ergeben hatte. Die Antwort fiel nicht so berauschend aus, Arzt und Oberarzt hätten bereits entschieden, dass ihre Verweilzeit von vier auf sechs Wochen hochgesetzt worden war.

Und wer macht den Abwasch?

An dem Abend war ich wegen der Übermüdung nicht mehr lange auf und bereits vor einundzwanzig Uhr ging an Bord der *INGRINE* das Licht aus.
Die nächsten Tage waren geprägt von Umbauten und Einbauten, die nötigen Teile dazu hatte ich im Vorfeld aus Düsseldorf mitgebracht.
Zuerst ging es dem Anker an den Kragen. Das vorhandene Ding ist einfach zu unhandlich und nicht sehr günstig untergebracht. Wenn man den Anker werfen möchte oder im Notfall werfen muss ist das für eine nicht so kräftige Person ein schwieriges Unterfangen. Aus diesem Grunde hatten wir beschlossen, eine Ankerwinde nachzurüsten und den Anker anders zu lagern.
Die vorhandene Aufnahme für den alten Anker wurde komplett ausgebaut und dann eine gebrauchte Winde eingebaut, die ich günstig erstehen konnte.
Das Ankerseil wurde gegen eine Kette ausgetauscht, die im Kettenkasten im Vorschiff verschwand. Der unhandlichen Danforthanker wurde gegen einen Pflugscharanker getauscht, der auf einer Kettenklüse seinen Platz fand.
An der Kette selber wurden nach farbliche Markierungen angebracht, die so ein Ablesen der ins Wasser abgelassenen Kettenlänge ermöglichte.

Jetzt hatte ich nur noch ein kleines Problem, eigentlich zwei. Zum ersten musste der Ausschnitt der ehemaligen Ankeraufnahme auf dem Vorschiff verschlossen werden, das ich mit GFK vornehmen wollte.
Und der Einbauschrank bei uns in der Bugkajüte musste etwas verkürzt werden, damit die eintretende Kette nicht über die rückwärtige Kante des Schrankes scheuerte.
Das war dann schnell mit der Stichsäge erledigt, die ich ständig an Bord in meiner Werkzeugkiste befand und die mir auch schon so manchen guten Dienst erwiesen hatte.
Die Funktion wurde geprüft und für gut befunden, damit sollte das Projekt erledigt sein.
Mein nächster Zeitvertreib galt dem Einbau der beiden Davits, zu denen wir uns alternativ anstatt zur Badeplattform entschlossen hatten.
Die beiden Befestigungsorte waren erst nach einigen hin und her festgelegt worden, die ursprünglich favorisierte Stelle hatte mir dann doch zu viele Umstände gemacht und ich befürchtete auch Schwierigkeiten bei der Durchführung, so hatte ich Abstand davon genommen und mich für eine andere Version entschieden, die auch besser war, wie sich dann herausstellte.
Das Verschrauben gestaltete sich dann aber etwas schwierig, da ich von unten nur schwer an die Stelle herankam und dann auch noch die nagelneuen Schrauben, extra gekauft bei einem Bootsausrüster, sich als Murks herausstellten.
Zum Glück hatte ich in Auxonne einen Baumarkt vor der Türe, wo ich geeigneten Ersatz erstehen konnte. Dort kaufte ich mir auch noch ein paar Schäkel für das Tauwerk der Davits und passte die Aufhänger auf die Maße des *INGRINCHEN* an.
Die Davits sahen aus als ob sie schon immer dort vorhanden waren und unser Bötchen fühlte sich sichtlich wohl an dieser Stelle.
Mit frisch angehängtem Beiboot ging es dann in der letzten Woche an mehreren Tagen raus zu unseren Schattenplätzen, da das Wetter

zunehmend besser wurde und wenn die Sonne schien dann knallte sie auch gleich unerbärmlich.

Am Mittwoch kam ich nach einem solchen Sonnentag, den ich zum Schrubben des Überwasserschiffes genutzt hatte, zurück in den Hafen und war sehr überrascht, die *OLIMAR* dort wieder vorzufinden.

Ralph und Anita luden mich zu einem Bier ein, als ich bei Ihnen am Boot war um sie zu begrüßen. Das Wetter war für sie in der ersten Woche auch nicht so berauschend, daher hatten sie sich zu einer Umkehr entschlossen. Dann waren sie überrascht die *INGRINE* nicht im Hafen vorzufinden und hatten zuerst an eine Urlaubsausfahrt gedacht.

Ich erzählte den Beiden von meiner Flucht in die Pampa und nahm ihre Einladung für einen kleinen Umtrunk gerne an, hatte ich ja auch noch von meiner Bordfrau und ihrer Reha zu berichten. Eine später ausgesprochene Einladung zum Essen lehnte ich dann allerdings ab, da ich zur vereinbarten Zeit zum Telefonat mit Helga via Internet zurück auf die *INGRINE* sein wollte.

Am nächsten Morgen sprach Ralph mit Roy wegen des Liegeplatzes bis Mitte August und bat auch um den Platz neben der *INGRINE*, der im Moment nicht fest belegt war. Nachdem das geklärt war wechselte die *OLIMAR* in die freie Box neben die *INGRINE*, was somit auch sehr praktisch war, konnten wir uns jetzt von Bord zu Bord unterhalten, ohne das Schiff oder den Liegestuhl dafür zu verlassen.

Die beiden letzten Tage der Woche behielt ich meinen gewohnten Rhythmus bei, am Vormittag verließ ich mit der *INGRINE* den Hafen um im Schatten den Tag zu verbringen, zum Nachmittag ging es dann zurück nach Auxonne in den Hafen.

Auf dem Schiff hinter der *OLIMAR*, der *SANDALWOOD*, war ein lustiges Pärchen aus Australien, mit denen wir sehr schnell in Kontakt und ins Gespräch kamen. Andrew und Ann waren gebürtige Briten, lebten aber in Australien und auch einige Zeit in Neuseeland, wie wir aus den Gesprächen erfuhren.

Über Umwege kamen sie zu einem Italienischen Restaurant in Australien, das sie aber nun aufgegeben hatten. Er spielte abends gerne auf einer Ukulele und sang dazu, aber sehr dezent und leise, und wir lauschten bei einem Gläschen den Klängen.
Mitunter war es am Abend auch so, dass die Unterhaltung in mehreren Sprachen über drei Boote hinwegging, in der Regel in Englisch, und so mancher Lacher kam dabei zum Vorschein.
Vielfach fehlte Anita das eine oder andere Wort an englischer Vokabel, das sie sich dann bei mir erfragte, und ich musste mich schon anstrengen, nicht jedes Wort fiel mir ein. Später meinten Ralph und Anita, sie wollten einen Englischkurs belegen, um die Sprache wieder aufzufrischen.
Der Hammer war dann allerdings, als Andrew über die Flaggen der Australier und den darin enthaltenen Wappentieren, bei ihm ein Schwan, philosophierte und dann auf die Herkunft verschiedener Boote verwies.
Bei Ralph und seiner OLIMAR sei ja noch alles klar, dass Schweizer Bundeskreuz sei ja nicht zu übersehen, aber bei der *INGRINE* wäre das nicht zuzuordnen, da nicht zu erkennen sei, vorher das Schiff stamme, so Andrew.
Damit spielte er auf meine Deutschen Fahne an, die in all den Jahren am Heck der *INGRINE* von der Sonne etwas verblichen war, aber dennoch Aufrecht im Wind hing.

Frechheit.

Das Gelächter war groß und so hatte ich da wenigstens eine kleine Anekdote zum Erzählen bekommen, warum ich mir denn über Winter eine neue Fahne besorgt hatte.

Und soooo blass war meine schöne Fahne auch nicht.

Am letzten Tag meines Badeausflugs konnte ich das restliche Überwasserschiff säubern und kam an dem Nachmittag mit einer fast wie neu strahlenden *INGRINE* zurück in den Hafen.
Ursprünglich war meine Rückreise für Sonntag geplant und ich wollte auf der Heimreise über Waldbreitbach fahren, um Helga dort zu besuchen.
Über den Tag hatte ich mich aber dazu entschlossen, bereits am Samstag abzureisen, um Helga in der Klinik zu überraschen, so hatte ich auch noch den Sonntag, um mich etwas auszuruhen.
Von der spontanen Planänderung wussten auch Ralph und Anita nichts und ich erzählte ihnen nach dem Anlegen von meinem Vorhaben.
An Bord der *INGRINE* war alles soweit aufgeräumt und das gröbste an Gepäck bereits zusammengetragen. Die zwei Taschen waren am Abend schnell gepackt und ich stellte diese zu der Bordtasche, die von Helga noch beim mir auf dem Schiff war, das waren die Klamotten, die sie nicht mit zur Reha nehmen wollte oder dort nicht brauchte.
Ich hatte die Absicht am frühen Nachmittag, gleich nach Helgas Essenszeit an der Klinik anzukommen und bestimmte daher die Abfahrtszeit, die dafür geeignet war.
Die Kaffeemaschine nahm am Samstag früh wie immer ihre Arbeit auf und dann begann für mich das letzte Aufräumen. Vom Oberdeck wurden die Stühle und der Tisch nach unten verstaut, das Beiboot hing an den neuen Davits und war damit versorgt, blieb nur noch das Gepäck ins Auto zu verfrachten und Kühlschrank zu entleeren. Um mir die Arbeit zu erleichtern holte ich das Auto wie gewohnt runter an den Steg und begann mit dem Einladen meiner paar Habseligkeiten.
Zum Schluss kam die Verabschiedung von Ralph und Anita, die mir noch viele liebe Grüße an Helga mit auf den Weg gaben. Es folgte noch ein kurzer Stopp an der *SANDALWOOD*, um mich auch dort zu verabschieden, da Ann und Andrew am Dienstag weiterfahren wollten.

Leider war Andrew im Ort unterwegs, aber Ann wolle ihn von mir grüßen.
Dann machte ich mich auf den Weg und mein Plan ging auf. Bei meiner Ankunft an der Klinik in Deutschland rief ich Helga an, sie wähnte mich ja noch in Frankreich, und fragte nach dem Wetter und was sie mache und ob sie nicht zu einem Spaziergang herunterkommen wolle.

Schade, ich vergaß in dem Moment ein Foto von ihrem verblüfften Gesicht zu machen, als sie aus ihrem Zimmer herunter in das Eingangsfoyer kam und schaute, ob das ein dummer Scherz von mir war.

Aber ich mache doch nie Scherze, oder ??

Fete National und andere Missgeschicke

Nach dem Ende von Helgas Reha freuten wir uns auf ein kleines Highlight im Juli, ich hatte noch einmal zwei Wochen Urlaub und der Termin lag so günstig, dass wir zum Nationalfeiertag in Frankreich sein konnten.
Auf die Fete und das Feuerwerk am Abend hatten schon länger ein Auge geworfen, 2012 waren wir aus Zufall über ein Wochenende in Frankreich, an dem der Feiertag lag und konnten ein tolles Spektakel in Soing miterleben.
Unsere Anreise war wie üblich am frühen Samstagmorgen erfolgt und den ersten Tag konnten wir direkt bei schönen Sonnenschein genießen.
Für eine Urlaubstour, wie sonst üblich, fühlte sich Helga noch nicht fit genug und sie traute sich die Handgriffe beim Schleusen noch nicht zu. Wir hatten uns daher im Vorfeld darauf geeinigt, die zwei Wochen vor Ort in Auxonne zu verbringen und nur tagsüber aus dem Hafen in die Pampa zu flüchten, falls es zu warm werden sollte.
Den Samstag verbrachten wir noch komplett im Hafen, aber es war sehr warm und daher hatte ich bereits für den Sonntag angekündigt, den Tag im Schatten zu verbringen.
Helga hatte zwar Einwände wegen dem An- und Ablegen, aber in den zwei Wochen ohne sie hatte ich diese Manöver auch alleine bewerkstelligen können, also war das so entschieden.
Nach neun Uhr wurde der Motor der *INGRINE* angelassen und gemächlich ging es raus aus der Box. Beim Umrunden des ersten Pontons erblickten wir die *TABATHA* von Jean-Pierre und Francine, die an der Hafeneinfahrt vorbeifuhren.
Auf der Webseite der *TABATHA* lese ich fast täglich die Neuigkeiten aus dem Wassersport rund um die Region, daher wusste ich

auch, dass die *TABATHA* auf einer kleinen Urlaubstour unterwegs war und unserer Hafen passieren würde.
So kam es, dass wir mit der *INGRINE* der *TABATHA* hinterherfuhren, allerdings waren wir ein paar hundert Meter hinter dem anderen Schiff.
Über Funk versuchte ich auf Kanal zehn Jean-Pierre anzurufen, um ihn zu grüßen, aber er antwortete nicht, eventuell hatte er sein gerät nicht auf Empfang stehen.
Ich machte noch einige Fotos von der uns vorausfahrenden *TABATHA*, die uns auf Höhe des Wasserwerkes dann davonfuhr, da wir uns nach einem geeigneten Anlegepunkt umsahen.
Wir legten dann in Höhe der touristischen Infotafel bei Kilometer 238 an, hier hatte ich im Frühjahr auch einige Mal angehalten. Unsere kleine Bucht befand sich in einer langestrecken Flussbiegung und so hatten wir auch einen schönen weiten Überblick.
Ein paar hundert Meter oberhalb von unserer Stelle lag noch ein weiteres Boot am Uferbereich, aber zwischen uns war ein weiter Abstand, so konnten wir uns nicht gegenseitig stören.
Der Tag verging wie im Fluge und wir konnten hier das erste Mal seit langer Zeit gemeinsam Ausspannen und so richtig die Seele baumeln lassen.
Am späten Nachmittag, kurz vor unserer Rückfahrt entdeckten wir zwei Paddelboote, die von oben in unseren Sichtbereich kamen. In dem einen Boot paddelten zwei Frauen, vermutlich Mutter und Tochter, in dem anderen saß ein junger Mann, ob Bruder oder Sohn oder Freund, das war alles möglich.
Mit viel Zurufen wurde von Schatteninsel zu Schatteninsel gepaddelt, denen war vermutlich ziemlich warm in den Nussschalen.
Wenn sie bis zum Kanuklubanleger in Auxonne wollten, hatten sie aber noch eine gute Strecke vor sich.
Als wir uns dann um siebzehn Uhr für unsere Rückfahrt fertigmachten, war das Paddelboot mit den Damen schon ein kleines Stück unterhalb unseres Liegeplatzes gefahren, der junge Mann hielt

sich im Schatten eines Baumes fast gegenüber von uns auf um sich dort etwas abzukühlen.

Er beobachtete genauestens, wie wir den Motor anließen und die Festmacher einholten. Als wir dann die *INGRINE* ins Fahrwasser zurückführten und anschließend die Kehre einleiteten, um talwärts nach Auxonne zu gelangen, fing er an zu winken und paddelte auf uns zu.

„Ob wir abwärts Richtung Auxonne fahren würden" wollte er wissen, „und ob er sich an das Boot hängen dürfte und wir ihn mitschleppen würden" so seine Frage.

Das hatten wir noch nie gemacht, ich sah aber keine Gefahr dabei und hatte auch keine Bedenken und willigte ein, so schnell waren wir mit der *INGRINE* nicht unterwegs, dass dabei etwas passieren könnte.

Der junge Mann hielt sich seitwärts an einem Fenderseil fest und auf ging es.

Als wir uns dem Boot mit den Damen näherten machte der junge Mann sich einen Spaß daraus, den Damenboot mitzuteilen, er wäre als erster in Auxonne und würde dort auf die Damen warten.

Die Mädels wollten das aber nicht auf sich sitzen lassen und paddelten wie wild auf die *INGRINE* zu, um sich dort ebenfalls in Schlepptau nehmen zu lassen, verpassten aber einen anderen Fender, um sich dort festzuhalten.

Ich nahm die Fahrt heraus um ihnen die Annäherung zu ermöglichen, aber auch Versuch zwei ging daneben. Schließlich schaften sie es, sich auf der anderen Seite des Bootes ein Fenderseil zu ergattern und hielten sich dort fest.

So ging die Fahrt dann weiter, ein Paddelboot links und rechts im Schlepptau der *INGRINE*.

Ab und zu rief der Jüngling nach den Damen, ob sie noch da waren, beide Boote auf einer Seite wäre für die Paddler vermutlich lustiger gewesen, aber es ging auch so.

Und wie sagt man doch: besser schlecht geschleppt als gut selber gepaddelt.

Eine halbe Stunde später näherten wir uns dem Kanuklub und unsere Mitfahrer machten sich fertig, um uns zu verlassen, nicht aber ohne sich bei uns herzlichst zu bedanken.

Helga warf ihnen, da am Abend in Paris das Endspiel der Fußball-Europameisterschaft zwischen Frankeich und Portugal ausgetragen wurde, noch ein

„Allez les Bleus„ zu, das den jungen Mann nun ganz aus der Fassung brachte.

Ein deutsches Boot, dass sie erst ein Stück mitschleppte und dann auch noch den Schlachtruf des französischen Teams zum Anfeuern zum Besten gab, das wäre ihm nie in den Sinn gekommen.

Zurück im Hafen fiel uns ein Boot auf, die *PACO*, die wir schon öfters hier in Auxonne gesehen hatten. Sie gehörte einem Schweizer Bootfahrerpärchen, Urs und Leonella, die auch einen großen Teil des Jahres mit dem Schiff unterwegs waren, wie wir später erfuhren. Am nächsten Tag kam dann noch ein weiteres Schweizer Schiff in den Hafen, die *AMBIENCE* von Pablo und Daniela, die auch nach einer großen Rundfahrt hier in Auxonne einen Stopp einlegten. Ihre *AMBIANCE* hatte bereits auch den einen oder anderen Winter hier im Port Royal verbracht hatten, daher gab es hier für sie viele Bekannte, die sie zu begrüßen hatten.
Zusammen mit dem neuen Hafenmeister John hatten wir für die nächsten kommenden Tage so eine kleine lustige Runde, die sich auch am Nationalfeiertag trotz regnerischem Wetter oben am Damm zum gemeinsamen Grillen und Feiern getroffen hatte.

Zuerst wurde noch unter dem Regenschirm gegrillt und gegessen, aber pünktlich zum Feuerwerk ließ der Regen nach und halbwegs trocken konnten wir das schöne Spektakel bestaunen.
Roy hatte uns bei unserer Ankunft zum Urlaub vor ein paar Tagen in Aussicht gestellt, er wolle mit Carol zu uns kommen, um uns zu begrüßen.
Und tatsächlich, am Vormittag des vierzehnten Julis war er mit Carol auf dem vorderen Ponton zu einem kleinen Spaziergang unterwegs, um dann anschließend Carol in sein Bötchen zu verfrachten und mit ihr zu uns an den Steg zu kommen.
Carol war zwar etwas wackelig auf den Beinen und ich half ihr beim Aussteigen aus dem Boot, auf dem Steg war sie dann allerdings gut unterwegs.
Helga und Carol tauschten sich die Erfahrungen mit ihren Gehhilfen aus und von Roy gab es mal wieder etwas britischen Humor als Kommentar dazu.
Daniela von der *AMBIENCE* hatte Carols Ankunft bemerkt und war zu unserer kleinen Gruppe zugestoßen, um Carol ebenfalls zu begrüßen. Carol machte einen sichtbar besseren Eindruck als noch vor ein paar Wochen, als wir sie zuletzt sahen und war auch recht guter Dinge über den weiteren Verlauf ihrer Genesung.

Die nächsten Tage blieben wir mit der *INGRINE* im Hafen, war doch an Bord das eine oder andere an Basteleien angefallen. Die Davits wurden mit besseren Schrauben befestigt und die Ankerwinde bekam noch einen Feinschliff.
Helga nutzte die Zeit für ihr neues Hobby, das sie sich aus der Reha mitgebracht hatte und war an ihrem Bild am Malen.
Mittwochs hatten wir uns aber dazu entschlossen, den Versuch zu wagen und mit Helga durch die Schleuse zu fahren, ich wollte und musste vor der kühleren Jahreszeit den Dieseltank auffüllen, und dass konnte ich am besten unten an der Flußtankstelle von Saint Jean de Losne erledigen.

Am Vormittag machten wir uns auf den Weg und hatten die Schleusenanlage wie geplant für uns alleine, ansonsten war abgesprochen, notfalls im Vorhafen auf eine freie Passage zu warten.
Helga war sich sehr unsicher über ihre Kräfte und hatte darum gebeten. Aber all die Bedenken waren vollkommen umsonst, das Schleusen verlief ohne jegliche Probleme ab.
Von dieser Last befreit fühlte sie sich nun wieder so sicher wie zu vergangenen Zeiten, aber wir wollten keine weiteren Eskapaden provozieren und waren so zufrieden.
Die Wasserstraße bis St. Jean hatten wir für uns alleine und es machte uns große Freude, das fahren zu genießen.
Wir kamen vor der Mittagspause an der Tanke an, aber die Dame von der Tankstelle fürchtete um ihre Mittagspause und verschloss ruckzuck den Bürocontainer oben an Land, kam aber noch zu uns ans Boot herunter, um uns die Bedienung der Zapfsäule mit einer Kreditkarte zu erklären.
Das war nett und hilfreich, konnten wir so auch außerhalb der Geschäftszeiten die Säule bedienen.
Ich startete nach den nötigen Eingaben den Tankvorgang und die Spriteuse entschwand rechtzeitig aus unserem Blickfeld, bevor die Zapfsäule abschaltete.
Was sie uns nicht erklärt hatte, war, das die Betankung mit Karte nach achtundsechzig Litern abschaltete, noch bevor der Tank ausreichend befüllt war.
Der Pegel im Tank wurde gemessen und ich entschied, dass die Füllmenge vorerst ausreichend sei, die Restmenge an Diesel wollten wir dann vor der Winterpause auffüllen, damit sich so wenig Kondenswasser wie möglich an den Innenwänden des Tanks bilden konnte.
„Leinen los und weiter", nein zurück nach Auxonne, war das dann folgende Kommando.
Am Stadtsteg waren ein paar Plätze frei, aber von der Feuerwehr mit Gerätschaften belegt, da auf Höhe der Brücke ein dort liegender

Frachter Probleme hatte und gerade eine Ölsperre durch die Feuerwehr ausgelegt wurde.
Der ganze Zirkus störte die Idylle und besinnliches Ausruhen zur Mittagszeit sah in unseren Augen anders aus.
Also wurde das Anlegen verschoben und ein ruhiger Platz in der Pampa anvisiert.
Geeignete Stellen gab es hier auf den zehn Kilometern bis zur Schleuse Auxonne mehr als genug und so richtig Hunger hatte noch keiner.
Gegenüber der Mündung der La Tille strahlte uns ein einladendes Fleckchen Natur an und die *INGRINE* fand dort eine schöne Stelle im Schatten.
Hier verbrachten wir den Nachmittag in der Umgebung einiger Kühe, die sich aber nicht weiter an uns störten.

Wir uns aber auch nicht an den Kühen.

Die letzte Schleusung ist um neunzehn Uhr und für die restliche Fahrstrecke bis zur Schleuse wurde die Zeit kalkuliert, so hatten wir den Zeitpunkt ermittelt, wann wir den Nachmittagsplatz verlassen mussten, um die Schleuse rechtzeitig zu erreichen. Dieses Prozedere hatten wir schon so oft abgehalten und damit gute Erfahrungen gemacht, da die Saône und die Schleuse vor Toresschluss meistens leer war.
So war es auch heute, allerdings wartete vor der Schleuse Auxonne ein kleineres Mietboot auf die Einfahrt und wir schlossen uns dem Boot an.
Der Hafen war mäßig besucht als wir mit der *INGRINE* dort einfuhren und unseren angestammten Platz am Steg belegten.
Nach der Rückkehr im Hafen und dem anschließenden Chillen oben an Deck wurde noch der Ablauf für den nächsten Tag besprochen, der unser vorletzter Tag unseres aktuellen Urlaubsaufenthaltes werden sollte.

Bei unseren ersten Touren und Aufenthalten in Gray hatten wir
dort ein schönes Gartenlokal direkt am Stauwehr entdeckt, dass
zwar eine einfache, dafür aber ausgewogene Tageskarte hatte und in
dem wir schon mehrfach zum Essen über Mittag waren.
Mein Vorschlag zum Ausklingen der Ferien war ein Ausflug mit
dem Auto nach Gray, um dort das Lokal zu besuchen, das auch im
letzten Winter komplett umgebaut worden war, ein idealer Moment
für einen Restaurantscheck.
Die Fahrt mit dem Auto war nötig, da wir mit dem Boot locker drei
Stunden, wenn nicht sogar länger, für eine Strecke benötigen würden.
Am frühen Vormittag machten wir uns auf zu unserem kleinen
Ausflug, der uns über die Orte Pesmes und Champvans nach Gray
führte.
In Gray wurde das Auto auf dem Parkplatz am Quai Mavia abgestellt und die bekannte, aber schon länger nicht mehr besuchte Umgebung betrachtet. Das Kinogebäude war renoviert worden und
trug nun den Namen Cinémavia, der Kreisverkehr sah auch etwas
verändert aus, unser Eindruck konnte aber auch nur an den jährlich
ändernden Dekorationen der Verkehrsinseln liegen.
Wir waren früh am Restaurant, aber das störte uns nicht, so konnten wir im Garten noch die Sonne genießen und ganz in Ruhe die
Speisekarte studieren.
Bei unserer Ankunft waren wir fast die einzigen Gäste, nur ein einzelner Tisch am Eingang war besetzt. Freie Auswahl. Perfekt, denn
so gehörte uns unser Lieblingsplatz vorne an der Mauer oberhalb
des Flusses und wir peilten ihn zielstrebig an.
Die Speisekarte war umfangreicher als wir es von unseren ersten
Besuchen in den letzten Jahren her kannten, vielleicht auch eine
weitere Neuerung nach dem Umbau.
Unser Platz war von hohen Platanen beschattet und so waren wir
nicht zu sehr der einsetzenden Mittagssonne ausgesetzt.

Wir wählten beide ein Menü, bei dem das Tagesgericht durch Vorspeise und Nachtisch ergänzt wurden und ließen es uns hier gut gehen.
Langsam füllte sich das Gartenlokal und fast pünktlich um zwölf Uhr waren kaum noch Tische frei.
 Bis zum Auftischen unserer Vorspeise vertrieben wir uns die Zeit damit den Fischen zuzusehen, die sich unterhalb unseres Platzes im Schatten der Bäume aufhielten und bei denen schon einige größere Kaventsmänner dabei waren.

Ob hier Angeln verboten wäre?

Wie auch immer, diesen Platz würden wir als Geheimtipp mit Sicherheit nicht weiterverraten, Du als Leser doch auch nicht, oder?

Das Essen war sehr gut, zwar keine Berge voll auf dem Teller a la XXL-Restaurant, aber die Qualität der Küche spiegelt sich auch in der Belegung der Tische wieder und der moderate Preis war wohl Werbung genug für das Lokal, wie der Gästeandrang vermuten ließ.

Nach dem Dessert gab es die Rechnung, zu dem Preis bekäme man bei einer Burger-Kette wohl kaum die Familie satt.
Vollgestopft bummelten wir Richtung der Brücke über die Saône und in den dahinterliegenden kleinen Park.
Wie nicht anders erwartet war die kleine Parkanlage bunt begrünt und bildete mit dem kleinen Springbrunnen in Ufernähe einen willkommenen Kontrast zu den grau der Straße oben entlang des Ufers.
Auch hier beherrschte der Schatten der Bäume das Umfeld und lud zahlreiche Werktätige dazu ein, hier ihre Mittagspause zu verbringen.
Langsam wurde es wieder heiß und wir entschlossen uns dazu, entgegen unserer ersten Absicht nicht hoch in die Stadt zu laufen, sondern zum Hafen nach Auxonne zurückzukehren.

Dort angekommen wurde die *INGRINE* für die Ausfahrt bereitgemacht, es sollte für den Nachmittag noch einmal hoch zu unserem gewohnten Schattenplatz gehen, an dem wir es bis kurz vor sechs Uhr am Abend aushalten konnten.

Der nachfolgende Freitag war nicht ganz unser Glückstag, war doch schon das Wetter nicht nach unserem Geschmack. Dichte tiefhängende Wolken begrüßten uns am Morgen und beflügelten unsere Laune nicht beim Packen unserer Sachen, sollte es doch am nächsten Tag zurück nach Düsseldorf gehen, die Ferien waren zu Ende. Einsetzender leichter Nieselregen gestattete uns auch keine kurzen Zwischenpausen oben an Deck, vielleicht würde es am Nachmittag besser werden.

Den Vormittag verbrachten wir neben dem Einpacken nicht mehr benötigter Sachen mit leichten Reinigungsarbeiten, dann hätten wir am Samstag vor unserer Abfahrt wenigstens das bereits erledigt.

Und wie es kommen sollte so kam es.

Bei Aufräumen kam ich mit einem Kanister an den Anschluss der Hydraulikleitung an der Lenkung, die mit einem dumpfen „knack" zerbrach.

Sofort rann Hydrauliköl aus der Leitung und dem Anschlussstumpf, der noch an der Buchse vorhanden war.

Eine schöne Bescherung.

Mit eiligst herbeigeholten Blechdosen, die ich eigentlich für das Anmischen von Zweikomponentenkunststoff gesammelt hatte, versuchte ich die Austretende Flüssigkeit aufzufangen, da der nächste Sammelort der Brühe die Bilge war, und von dort gab es nur einen Weg, nämlich den über Bord.

Unzählige Reinigungstücher waren nötig, bis ich den Großteil der Misere aufgefangen und weggewischt hatte, dennoch schimmerte mir der Ölfilm von der Oberfläche des Wassers in der Bilge entgegen.

Jetzt war guter Rat teuer. Der abgerissene Anschluss musste schnellstmöglich ersetzt werden, das war klar, aber woher nehmen? Und das weitere Auslaufen von Hydraulikflüssigkeit musste umgehend unterbunden werden.
Zum Glück hatte ich von diversen Arbeiten an der Wasserversorgung im Boot verschiedene Anschlussnippel, Verbinder und Reduzierer in meiner Wühlkiste, aber nicht ein einziges Teil hatte das richtige benötigte Maß, was wieder dem Umstand zu schulden war, wenn zölliges und metrisches Maß aufeinandertreffen, das Boot kam schließlich aus England, alle anderen Teile aus Deutschland oder Frankreich.
Von dem alten Wasserboiler hatte ich damals beim Austausch die Anschlussstücke verwahrt, aus denen ich zwei Blindkappen basteln konnte, somit war der weitere Ölaustritt gebannt.
Aber nun musste ich zeitnah eine neue Verschraubung besorgen, wer weiß, wie lange das Gebastelte hält.
Der Hersteller der Lenkungsanlage war mir bekannt und die Typennummer konnte man auch noch gut ermitteln.
Nach dem Saubermachen der restlichen Schmierstellen verbrachte ich den Nachmittag damit, im Internet das passendes Ersatzteil zu finden und zu bestellen.
Die Lieferung sollte in der kommenden Woche erfolgen, da der Versand aber aus England erfolgte war ich da etwas skeptisch. Sollte das Ersatzteil rechtzeitig kommen war das nächste Wochenende wieder mit einem Frankreichbesuch verplant.

Leicht betrübt über dieses verunglückte Ende unseres Urlaubes wurde am nächsten Vormittag das Auto mit dem Gepäck beladen und die Heimreise nach Düsseldorf angetreten.

Von Stühlen und dem Oliphone

Nach der Rückkehr aus Auxonne warteten wir jeden Tag ungeduldig auf die Lieferung des Ersatzteiles, da uns die Versandbestätigung bereits am Montagmorgen per Mail erreichte.
Aber die Woche verging und das gelbe Paketauto fuhr jeden Tag an unserer Türe vorbei.
Täglich wurde mehrfach der Wetterbericht für Frankreich gelesen und beobachtet, jeder Regen barg die Gefahr, das Regenwasser den Weg in die Bilge fand und dort bei steigendem Wasserpegel die automatische Bilgepumpe anspringen ließ und das mit Hydrauliköl verunreinigte Bilgewasser über Bord und in das Hafenbecken beförderte.
Dann war es nur eine Frage der Zeit, wann wegen dem Ölteppich auf dem Wasser die Feuerwehr zum Einsatz kam.
Das konnten und wollten wir nicht riskieren, alleine wegen dem damit verbundenen Ärger und natürlich auch aus Umweltgründen.
Somit stand fest, egal was auch immer komme, mit dem Ersatzteil in der Hand galt das nächste Wochenende der Reparatur auf dem Boot.
Aber damit hatten wir auch ein kleines Problem, lag doch bei uns zu Hause auf meinem Schreibtisch die Einladung meiner älteren Schwester zu einem ihrer runden Geburtstage, zu dem wir vor Wochen bereits unsere Zusage gegeben hatten.
Und am Dienstagmittag hielt das Postauto vor unserer Haustüre, meine Bordfrau hatte die Weisung, mir das Eintreffen von dem Päckchen sofort mitzuteilen, Handy sei Dank.
Im Vorfeld hatte ich mir den Freitag frei genommen, somit konnten wir uns am Donnerstag nach der Arbeit auf den Weg machen, freitags die Leitung abdichten und die Bilge zum Reinigen auspumpen lassen. Samstags sollte dann die Rückfahrt erfolgen, zur Feier am

Nachmittag wären wir zurück in Düsseldorf gewesen, so unser Plan, der uns zudem ein mögliches Wiedersehen mit Ralph und Anita versprach, da wir durch eine Mail von Anita wussten, dass die Beiden ab dem Wochenende zwei Wochen Urlaub hätten und zur OLIMAR, die noch immer neben uns lag, kommen würden.
Und Pläne sind dazu da, umgesetzt zu werden, also ging es am Donnerstagnachmittag mit leichtem Gepäck nach Auxonne zur INGRINE.
Die Fahrt verlief wie immer kurzweilig und unsere Ankunft ohne besondere Vorkommnisse. Nach dem Eintreffen an Bord galt mein erstes Augenmerk einem Blick in die Bilge, die vom Füllstand nicht angestiegen war und auf der immer noch der Ölfilm sichtbar war, also war noch nichts über Bord gepumpt worden.
Für den Freitagmorgen hatten wir ursprünglich geteiltes Programm vorgesehen, ich wollte den Leitungsanschluss reparieren und meine Proviantmeisterin sollte sich um die Vorräte kümmern, sprich in die Stadt gehen und die nötigen Einkäufe tätigen. Aber nachdem ich mir nach dem Morgenkaffee die Anschlüsse ansah und mit dem neuen Ersatzteil verglich hatte ich ruckzuck das nötige Werkzeug in der Hand und innerhalb kürzester Zeit war der marode Anschluss ausgetauscht. Zur Dichtheitsprüfung wurde über den Steuerradanschluss Hydrauliköl nachgefüllt und unter Druck gesetzt, mit der Ruderlageanzeige konnte ich die einwandfreie Funktion überprüfen, und an den neuen Anschlüssen war alles ölfrei, sprich das Ding war dicht.
Um zu horchen, wann die bestellte Bilgereinigung heute stattfinden sollte machte ich mich auf zu John in die Capitainerie, bekam aber dort die Antwort, das der Mechaniker von H_2O heute nicht kommt, sondern am Samstagmorgen eintreffen würde.
Das passte uns jetzt nicht so besonders, da wir geplant hatten, früh zurück nach Deutschland zu fahren, galt es doch dort der Feier meiner Schwester beizuwohnen.

Dafür hatten wir nun ausreichend Zeit und eine seltene Gelegenheit dafür, über den Wochenmarkt zu bummeln, was wir dann auch umgehend in die Tat umsetzten.
Kurz vor zwölf waren wir mit unserer Shopingtour durch und an Bord zurück. Die wenigen Einkäufe waren schnell verstaut und für den Rest des Tages hatten wir frei.
Also was gab es bei dem hier herrschenden Sonnenschein besseres zu tun als es sich oben an Deck in den Liegestühlen gemütlich zu machen. Zu einer Ausfahrt hoch in den Schatten hatten wir an dem Tag keine besondere Lust, also wurde das Mittagessen angerichtet und oben im Schatten des Biminis genossen.
Nach dem Wegräumen des Geschirrs kam die Liege endgültig zum Einsatz und der Nachmittag wurde eingeläutet. Auf dem Fluss war sehr wenig Verkehr, was für den Hochsommer zur Zeit der Hauptferienzeit sehr ungewöhnlich war.
Wir dämmerten in unseren Liegestühlen gesättigt vor uns hin, bis ich irgendwann nach vierzehn Uhr eine mir bekannt erscheinende Gestalt oben auf dem Damm vom Parkplatz herkommend bemerkte, das konnte nur Anita sein. Mit dem Fernglas wurde mir mein Eindruck bestätigt, aber so früh hatten wir mit den Beiden absolut nicht gerechnet.
Ralph folgte ihr mit den restlichen Taschen bepackt ein gutes Stück dahinter und ich fragte mich, warum sie nicht für das Ausladen des Gepäcks mit ihrem Auto an den Steg vorgefahren waren.
Die nachfolgende Begrüßung war sehr herzlich und für die Beiden auch leicht überraschend, da sie mit uns erst am späten Abend oder am nächsten Morgen gerechnet hatten.
Wir boten den Beiden, so wie es sich gehört, eine Erfrischung an und verabredeten uns für ein erstes kühles Gläschen Rose bei uns oben an Deck, wenn sie ihr Gepäck verstaut hatten und die OLIMAR so richtig durchgelüftet hatten, so wie wir es auch bei uns taten.
Helga bereitete ein paar kleine Snacks vor, wir waren immer und gerne auf Gäste vorbereitet und ich befüllte den Eiswürfelbehälter

mit frisch produzierten Eis, keine halbe Stunde später saßen wir vertraut vereint bei uns oben auf dem Nildeck und hatten uns sehr viel zu erzählen.
Zwischendurch erfuhren wir von Ralph, dass sie sich für ihren Salon an Bord einen Sessel angeschafft hatten, den Ralph dann noch eben schnell huckepack aus dem Auto holte, um uns den Sessel auf seinen vorgesehenen Platz zu demonstrieren.
Die Zeit verging wie im Fluge, wir hatten unser Zeitgefühl beim Erzählen total abgeschaltet.
Aber irgendwann wurde dann die gemütliche Runde auf den nächsten Tag verschoben, an Bord der OLIMAR war noch einiges zu verstauen und Wasser musste auch noch gebunkert werden.
Wir machten bei uns oben „klar Schiff" und entspannten uns dann wieder in unseren Stühlen, wobei es uns eine Freude war, dem Treiben auf dem Nachbarschiff zuzusehen, natürlich mit dem einen oder anderen Kommentar von Bord zu Bord.

Der nächste Tag brach an und wir waren eigentlich abfahrtbereit, um mit dem Auto nach Düsseldorf zu fahren. Sobald der Mechaniker kam und fertig war sollte es auf die Rückfahrt gehen, wollten wir doch die Feier am Nachmittag in Deutschland nicht verpassen, wir freuten uns auch auf unsere Enkelkinder, die auch zum Fest eingeladen waren.
Wir rechneten die Zeit hoch und legten uns eine Deadline, bis wann wir auf die Straße wollten, ansonsten würden wir zu spät in Düsseldorf ankommen, dann würde sich der Aufwand nicht lohnen, wir mussten uns ja auch noch frisch machen und wenigstens etwas nach der Fahrt erholen.
Der Vormittag zog sich dahin und bei jedem Fahrzeug, das oben auf dem Parkplatz vorfuhr zuckten wir zusammen, aber für uns war keine Erlösung in Sicht.
Gegen elf Uhr hatten wir die für heute geplante Rückfahrt eigentlich bereits abgeschrieben, wir sahen keinen Sinn darin, fünf oder sechs Stunden Fahrt auf der Autobahn zu verbringen um dann kaputt und

übermüdet für eine Stunde auf der Feier zu erscheinen. Leicht enttäuscht schickte ich meiner Schwester und meinen Söhnen eine Nachricht, dass wir wohl bis zum Sonntag hierbleiben würden, damit man sich keine Sorgen macht und umsonst auf uns wartet. Schade.
Zur Mittagszeit machten sich Ralph und Anita auf in die Stadt, um dort Essen zu gehen, wir blieben an Bord, falls der Mechaniker uns mit seinem Kommen beglücken sollte.
Unser vorgepacktes Gepäck wurde allmählich wieder an die Seite gestellt, die Rückfahrt war nun kein Thema mehr.
Gegen vierzehn Uhr traf der Mechaniker dann doch noch ein und besah sich unser Malheur. Aus dem Lieferwagen wurde ein übergroßer Staubsauger geholt und damit anschließend die Bilge leergepumpt.
Dann kam eine Spüllösung zum Einsatz und erneut wurde die Brühe abgepumpt.
Der anschließende Test war simpel, Wasser wurde per Schlauch in die Bilge gelassen, das uns dann ölfilmfrei entgegenschwappte.
Zur Sicherheit kam noch einmal etwas Spüllösung dazu, dann wurde alles zusammengeräumt und der Einsatz für beendet erklärt.
„War nicht so ein Aufwand wie vermutet", wurde uns mitgeteilt, "hätte er auch noch am Freitag schaffen können", so seine Aussage. Sprachs und war verschwunden, Rechnung kommt vom Büro.

Toll.

Und wir warten uns hier einen Wolf. Aber für uns war zumindest der Schaden glimpflich abgelaufen, das hätte auch anders ausgehen können.
Ralph und Anita kamen von ihrem Mittagsausflug zurück und luden uns für den Nachmittag zu Kaffee und Kuchen, den sie aus der Stadt mitgebracht hatten, auf die *OLIMAR* und wir sagten der Einladung gerne zu.

Bei uns auf der *INGRINE* wurde noch aufgeräumt, da doch der Einsatz des Mechanikers leichte Spuren hinterlassen hatte.
Zum Glück war im Salon alles sauber geblieben, so beschränkte sich der Einsatz von Staubsauger und Reinigungsmittel auf den hinteren Bereich der Kombüse, dort war aber alles schnell im Griff.
Die Arbeitsklamotten konnten der Freizeitkleidung weichen und kurz darauf waren wir bereit, unser Treffen an Bord der *OLIMAR* anzutreten.
Pünktlich zur verabredeten Zeit machten wir uns auf unseren langen und beschwerlichen Weg von Boot zu Boot, bei dem wir auf unserem vier Meter weiten Weg auch einen kleinen Zwischenstopp auf dem Steg zwischen den Booten einlegen mussten.
Anita hatte unten im Salon eingedeckt, dann brauchte sie nicht alle Sachen nach oben an Deck bringen, also ging es rein in die *OLIMAR*.
Der Kaffee wurde eingeschenkt und die Tassen verteilt und gerade als es an den Kuchen gehen sollte, klingelte das Handy von Ralph. Ralph und Anitas Sohn Oliver war an der Strippe und hatte als Hüter der Firma eine Frage an Ralph, der sie schnell und kompetent beantworten konnte.
Die frisch beim Patissier gekauften Tortenstückchen wurden an uns als Gäste verteilt, danach versorgten sich die Gastgeber mit ihrer Wahl. Fruchtig, kühl und frisch war die beste Umschreibung für das unterschiedliche Sortiment an Törtchen, und mit einer Tasse Kaffee gut zu genießen.
Nach der ersten Runde Kaffee schwenkten wir um auf einen Weißwein, den die Beiden zum ersten Mal im Kanister gekauft hatten, bisher hatten sie Flaschen bevorzugt.
Gesprächsstoff hatten wir genug, bei dem Thema Wein konnte ich mir eine Anekdote meiner Bordfrau nicht verkneifen, die einmal eine Flasche Wein betrachtet hatte und meinte, diese käme bestimmt aus Syrien, da auf dem Etikett Syrah stand.
Ralph wollte auch noch etwas dazu beisteuern, aber das Natel (Handy in der Schweiz) läutete erneut, Oliver war an der Strippe,

wie Ralph auf dem Display anhand der Nummer feststellen konnten. Anita lachte noch darüber, dass Oli am Telefon sei, das ab diesem Moment auf den Namen OLIPHONE umgetauft wurde. Der Sohn hatte irgendwelche Unterlagen in Büro noch nicht gefunden und Ralph versuchte ihm am Telefon den korrekten Ablageort zu vermitteln, aber es dauerte einen kleinen Moment, bis die Mitteilung in St. Gallen angekommen war, es lag wohl eher an den Bergen zwischen uns und der Schweiz als an dem Verständnis des Juniorchefs am anderen Ende der imaginären Leitung.

Als Entschuldigung für die weitere Unterbrechung, die uns absolut nicht gestört hatte, gab es aus dem Gespräch heraus eine Kostprobe eines Schweizer Whiskys, ob es einer der Firma Lüthy aus dem Aargau oder einer aus dem Appenzell war, ist mir nicht überliefert, aber er war superweich und angenehm im Schluck.

Die Unterhaltung wurde fortgesetzt, dabei kamen bisherige Fahrten und zukünftig geplante Touren zur Sprache.

Wir sprachen über die unterschiedlichen Rentenregelungen in Deutschland und der Schweiz und unsere Absichten in der Zukunft, auch einmal längere Zeit auf dem Boot zu verbringen, um eine größere Reise zu realisieren, so wie es zum Beispiel unser Wunsch war, einmal mit der INGRINE die Rhône herunter zur Camargue und an den Canal du Midi zu reisen.

Ralph wollte nun von uns wissen, ob wir uns vorstellen könnten, in ein paar Jahren, wenn wir aus dem Berufsleben ausgeschieden sind, mit ihnen zusammen auf solch eine Fahrt zu gehen, was wir gerne und spontan zusagen konnten.

Die Fahrt herunter nach Lyon und der Aufenthalt dort sowie die mehrfachen Begegnungen in den vergangenen Monaten haben uns da Gewissheit gebracht, ein gleichgesinntes Paar gefunden zu haben, mit denen man gerne weitere Abenteuer erleben möchte.

Michael Reymann,

1959 in einem kleinen Vorort von Düsseldorf geboren, besuchte dort die Grundschule und später die Hauptschule im Nachbarort Erkrath. Seine schulische Laufbahn war geprägt von den zwei Kurzschuljahren, die er direkt nach seiner Einschulung erlebte und die ihm in den folgenden Jahren noch zu schaffen machten.
Mit Mühe erreichte er seinen damaligen Schulabschluss, den er viel zu früh erlebte.
Mit vierzehn kam er in die Lehre als Elektriker, was ihm wiederum durch seine Faszination für Technik einen Aufschwung erleben ließ. Mit zusätzlichen Kursen neben seiner Ausbildung erweiterte er sein Wissen und seine Fähigkeiten, eher er als einer der Besten seines Jahrganges die Ausbildung abschloss.
Unmittelbar danach gab ihm der mittlerweile erworbene Spaß am Lernen den Antrieb, um sich weiter neben seinem Beruf fortzubilden. So erlangte er die Mittlere Reife und das Fachabitur und begann ebenfalls nebenberuflich ein Studium der Elektrotechnik in Würzburg, das er als Zweitbester seiner Jahrgangsgruppe beenden konnte.
Zeitgleich wechselte er von seinem Ausbildungsbetrieb zum größten deutschen Hausgeräteheresteller in den technischen Kundendienst, dem er noch heute angehört.
Durch seine vielen Aufenthalte und Freundschaften in Frankreich erlernte er die Sprache dort vor Ort und kehrt immer wieder gerne an diese Orte zurück.
Der Autor war bis zum Tode seiner Frau verheiratet, hat zwei Söhne und mehrere Enkelkinder und lebt heute in einer festen Beziehung.
Durch viele Fachartikel und Veröffentlichungen von Berichten und Geschichten in Zeitschriften im In-und Ausland kam er zum Schreiben, das sich im Laufe der Zeit zu einem seiner Lieben entwickelte. Teile seiner Publikation sind in mehrere Sprachen übersetzt worden.

Sein größtes Hobby, der Wassersport, gab ihm letztendlich Ansporn dazu, seine Erlebnisse am und auf dem Wasser für andere begeisterte Skipper, und solche, die es werden wollen, niederzuschreiben.

Buchtipp

Michael Reymann / Freie Fahrt für die Ingrine

ISBN 978-3-7392-1765-9   228 Seiten

Ein Boot wird für eine Reise gebucht und kurz darauf nennt man ein anderes Boot sein Eigen.

Lag es am Kleingedruckten, das nicht ausreichend studiert wurde oder wie kam das nun zustande?

Kommen Sie an Bord und erfahren Sie diese aufregende Geschichte aus erster Hand. Erleben Sie an Bord eine abenteuerliche Reise, die Sie entlang des Canal de Bourgogne im Herzen Frankreichs führt und lernen Sie dabei ein wenig Land und Leute kennen.

Die Fahrt führt Sie durch die malerischen Landschaften im Burgund an die Saône und in die Franche-Comté. Dort findet die INGRINE eine neue Heimat und erlebt dort ihren ersten Winter. Erfahren Sie von den umfangreichen technischen Änderungen, die im Winter vorgenommen wurden und erleben Sie die erste kleine Urlaubsreise zu Ostern im folgendem Jahr.

Aber Vorsicht: der Bootsbazillus ist hochansteckend und schnell hat es Sie erwischt!